共同资助：
教育部人文社会科学重点研究基地重庆工商大学长江上游经济研究中心
“三峡库区百万移民安稳致富国家战略”服务国家特殊需求博士人才培养

共同因子和结构变化的面板协整检验研究

GONGTONG YINZI HE JIEGOU BIANHUA DE MIANBAN XIEZHENG JIANYAN YANJIU

陈海燕 著

西南财经大学出版社
中国·成都

图书在版编目(CIP)数据

共同因子和结构变化的面板协整检验研究/陈海燕著.—成都:西南财经大学出版社,2020.11
ISBN 978-7-5504-4576-5

Ⅰ.①共… Ⅱ.①陈… Ⅲ.①数据模型—应用—计量经济学—研究方法
Ⅳ.①F224.0-3

中国版本图书馆 CIP 数据核字(2020)第 196459 号

共同因子和结构变化的面板协整检验研究
陈海燕 著

责任编辑:陈佩妮
封面设计:摘星辰 · Diou
责任印制:朱曼丽

出版发行	西南财经大学出版社(四川省成都市光华村街 55 号)
网　　址	http://www.bookcj.com
电子邮件	bookcj@foxmail.com
邮政编码	610074
电　　话	028-87353785
照　　排	四川胜翔数码印务设计有限公司
印　　刷	四川五洲彩印有限责任公司
成品尺寸	170mm×240mm
印　　张	7.5
字　　数	139 千字
版　　次	2020 年 11 月第 1 版
印　　次	2020 年 11 月第 1 次印刷
书　　号	ISBN 978-7-5504-4576-5
定　　价	50.00 元

前 言

以面板单位根检验和面板协整检验的理论创新为核心内容的非平稳面板数据模型已成为应用计量经济学的重要研究方法。非平稳面板数据理论在经济、社会、金融、贸易、教育、能源等各方面均得到了广泛应用，并对各方面进行了深入分析。在非平稳面板数据理论发展过程中，以截面是否独立、时间是否存在结构变化为分水岭已经衍生出两代经典的非平稳面板数据建模方法。面板数据凭借特殊的数据结构受到宏微观计量经济学、空间计量经济学、金融计量经济学等青睐，但是也正是面板数据结构的特殊性，使得实证研究和理论研究的结果越来越依赖于数据结构。本书从面板数据基本结构判识出发，对面板截面相关和结构变化以及其交互影响效应进行说明，分析非平稳面板数据检验与数据结构的一致性关系，提出适宜于不同数据关系的因子互冲和串行效应面板协整检验方法，通过实证研究论证其可操作性。

本书的主要内容如下：

（1）研究面板数据的基本结构。探讨面板数据同质门限值检验的确定过程，提出循序门限效应检验步骤，并运用实际数据进行可行性验证；对截面相关和结构变化及其交互效应进行说明，研究发现共同因子和结构变化之间存在并行式和串行交互作用，发现截面相关的存在改变了传统认为的结构变化触发点，对此给出串行效应的检验步骤，进一步完善面板数据基本结构判识，解释真检验伪分析现象。

（2）分析非平稳面板数据检验的一致性问题。首次对非平稳面板数据建模过程中带共同因子的面板单位根检验和协整检验的一致性问题进行研究，厘清非平稳面板数据建模过程中共同因子的叠加或抵消效应。研究发现实证研究中建模内在逻辑存在诸多盲点，且已有检验方法确实存在不一致性问题，针对不同的情形给出一致性建议。

（3）提出适宜的面板协整检验方法。分别提出因子互冲面板协整检验和串行效应面板协整检验，用于解决数据结构的非一致性问题，结合投影矩阵和退因子技术给出协整检验统计量，最后通过实证研究说明方法的可行性。

本书适合经济学、统计学等学科的高校教师、研究人员、高年级本科生、硕士和博士研究生参阅，也适合数据分析和计量方法应用领域的有关科技人员使用。

陈海燕

2020 年 8 月

目　录

1 导论

1.1 研究背景与意义

1.1.1 背景说明

2005年以来，以面板单位根检验和面板协整检验为主体的非平稳面板数据建模已成为我国计量经济学实证研究的主要分析方法之一。它以“面板单位根检验—面板协整检验—面板协整模型估计—面板误差修正模型”为基本研究范式，在经济、社会、金融、贸易、教育、能源等各方面均得到了广泛的应用和深入分析。在百度学术上以“panel cointegration”为主题进行搜索，有相关期刊文献1.9万余条；在中国知网上以“面板协整”、在科学指引（数据库）（ScienceDirect）上以“panel cointegration”为主题进行搜索，近10年里就有相关文献1万余条。早期的非平稳面板数据建模假定模型满足同方差、无序列相关、无结构变化、无截面相关等假设条件，截面独立的第一代面板单位根检验以Levin et al.(2002)提出的LLC检验、Im et al.(2003)提出的IPS检验、Choi（2001）提出的Fisher-PP检验为代表，截面独立的协整检验以Kao（1999）和Pedroni（1999，2004）的研究为代表。但是，经典假设往往是最理想的状态，并不能完全满足现实问题分析的需要。

由于面板数据具有时间和截面的双重特征，一般表示为（i，t）双下标形式，不同的变量可以记为y_{it}、x_{it}、z_{it}等。所以，面板数据具备时间序列数据可能存在的序列自相关和结构变化特征，也会有横截面数据可能存在的异方差性。同时，面板数据的截面个体之间还可能存在截面相关，以及与截面相关具有交互作用的结构变化。当分析中国30个省（自治区、直辖市）（因数据不全，故不包含西藏自治区、香港特别行政区和澳门特别行政区）的外商直接投资对经济增长的影响效应时，省（区、市）自身的序列相关性、省（区、市）之间的异方差性、空间相关性以及宏观经济政策调整带来的结构变化等都是必须要考虑的因素，忽略这些因素将导致问题分析偏离实际，分析结论无效。违背经典假设的序列自相关和异方差性的检验与修正方法在时间序列数据和横截面数据研究中已比较成熟，在面板数据分析时可以直接借用（Baltagi et al.，2009）。但是面板数据的截面相关及其与结构变化的交互影响尚待进一步研究。

一方面，理论方法研究中，诸多学者是将截面相关和结构变化的处理与单位根检验或协整检验一同进行的，即在构建非平稳面板数据模型检验统计量的同时，通过某种方式消除了截面相关或结构变化的影响，并通过大量模拟论证检验方法的稳健性和可靠性，通过实证研究说明方法的适用性（Banerjee et al.，2015；Westerlundet al.，2008）。在这些理论方法研究中，研究者都首先假定了理论模型的基本形式，通过一些方式去除结构变化和截面相关对检验统计量的影响，然后构建相应的检验统计量，并采取适宜的方法去估计未知参数。然而，实证研究的研究思路有些不同。在实证研究中，研究者首先不假定模型的基本形式，而是准确把握数据信息和结构后，再用适合的方法去获得最优、最适合的模型形式，进而进行建模分析。面板数据中是否存在截面相关或结构突变，以及以怎样的方式存在都将影响最优模型的选择判定过程，影响最终的分析结论。理论方法研究与实证应用研究中的逻辑差异使得当前非平稳面板数据应用出现了模型随意套用、检验方法滥用、估计结果缺乏依据等现象，忽略模型的适应性范围而直接套用将导致检验结果无效。

另一方面，在非平稳面板数据模型应用的基本研究范式“面板单位根检验——面板协整检验——面板协整模型估计——面板误差修正模型”里，单位根检验作为协整检验的先行检验方法，是决定协整检验是否可以进行的先决条件。面板单位根检验受截面相关和结构变化的影响可以依次分为截面独立、截面相关和结构变化三大类，同样的，面板协整检验也可以分为这三大类。那么，在进行截面相关的面板协整检验时，用哪一类方法进行单位根检验比较合适呢？在单位根检验时已经考虑了截面相关或结构变化，那在协整检验时还需要考虑截面相关或结构变化吗？这两个问题是涉及非平稳面板数据建模框架是否具有一致性的关键问题。忽略这两个问题开展的实证研究将失去应用价值。

因此，在实际问题研究中首先我们应当通过恰当的方法去确定面板数据的基本结构，以构建最适宜的模型形式。王珂英等（2016）、王维国等（2013）在构建非平稳面板数据模型之前就考虑了截面相关和结构变化，并采用了适宜的方法予以论证，这是理论应用于实际很好的范例。在非平稳面板数据模型构建过程中，我们应当结合数据基本结构对面板单位根检验和协整检验方法进行更全面细致的分析和判识，以使得截面相关和结构变化得到最合时宜的处理，避免过度修正或完全不修正。基于以上认识和说明，本书的研究内容主要有两个方面，一是在传统分析框架下进行面板数据基本结构的判识，二是基于传统分析结论进行非平稳面板数据一致性建模框架的探索。

1.1.2 研究意义

为了使理论模型得到更恰当的运用，使实证模型结果更加有效，本书旨在解决非平稳面板数据模型理论建模与实证建模之间的方法匹配性问题。

1.1.2.1 理论意义

（1）本书研究共同因子与结构变化之间的交互效应，研究单位根检验与协整检验的一致性问题，发现了传统检验方法存在的不足，完善了面板数据基本结构判识方法，为更加准确地构建并把握非平稳面板数据模型提供了新的研究视角。

（2）本书结合面板数据结构进行理论方法研究，贴近现实经济数据结构关系，修正了传统面板协整检验的不足，增进了检验方法的可信性，增强了面板协整检验理论的可操作性，为宏观经济变量的实证分析提供了更微观、更实用的理论方法，加强了现代计量经济学理论研究与实证研究的结合。

1.1.2.2 实践意义

（1）本书重点研究第二代非平稳面板数据建模问题，使之更适宜相关地区的经济问题分析和结构发生变化的经济变量分析，给出了简约实用的检验方法及其程序代码，有助于共同因子和结构变化下的非平稳面板数据实证研究。

（2）本书通过面板数据结构判识和处理，对伪检验和真检验伪分析情况进行区分说明，有效地检验了经济增长与其相伴经济变量之间的长期均衡关系，为构建经济增长的动态分析模型提供更微观、更实用的理论方法。

1.2 文献综述

1.2.1 国外研究现状

自 Engle et al.(1987) 提出时间序列数据的协整理论以来，有关经济变量间协整关系检验理论研究已成为现代计量经济学理论方法研究的核心问题之一。非平稳变量之间伪回归现象的存在，导致传统建模方法失效，协整关系模型成为刻画非平稳变量之间关系的更优方法。面板非平稳变量之间也存在伪回归，Entorf（1997）、Kao（1999）、张晓峒等（2006）分别给出了面板伪回归模型的统计量的渐近分布和小样本性质。由于受截面的异质性、空间相关性、结构突变等影响，面板协整检验理论研究更加复杂多变。

关于面板协整检验的研究，初见于 Kao（1999）、Pedroni（1999，2004）等的研究。针对截面独立的情况，他们的研究根据检验思想可分为两大类：①基于估计残差的单一协整关系检验，基本思想源于时间序列里的 E-G 两步法，如 Kao 检验、Pedroni 检验，基于残差提出 LM 式检验统计量的 McCoskey-Kao 检验和 Westerlund（2005b）提出的基于残差的面板 CUSUM 协整检验等；②基于面板误差修正模型的方法，基本思想源于时间序列中的 Johansen 协整检验，如 Larsson 等（2001）、Breitung（2005）等。根据检验原假设设定的不同，面板协整检验可分为两种情况：原假设为不存在协整关系的检验，如 Kao（1999）、Pedroni（1999，2004）等所做的检验；原假设为存在协整关系的检验，如 McCoskey-Kao（1998）、Westerlund（2005a）等所做的检验。

但是，以上检验方法都只是针对截面独立和不存在结构突变的面板数据形式，且属于面板线性协整检验模型。在现实经济社会中，受国际贸易、资本流动和技术溢出或渗透、劳动力转移等多方面的相互影响，各个国家或地区的经济发展与其他国家或地区之间存在着千丝万缕的联系，导致数据结构存在着多样化的截面相关。强烈的外生冲击，比如体制变迁、经济转型、金融危机、技术革命等，使经济数据发生结构性改变，其生成过程呈现非线性发展趋势。运用线性模型检验非线性协整关系将导致检验失效，得到伪检验结果。Andrews（2005）论证了截面存在共同因子将导致回归结果有偏且不一致。忽略截面相关和结构突变将导致协整方程产生样本偏差，得到伪检验结果。近年来，面板非线性协整检验成为计量经济学理论与应用研究的焦点问题之一。针对截面相关的面板数据结构，Bai et al.（2006）、Westerlund et al.（2007）、Bai et al.（2008）、Demetrescu et al.（2008）、Hank（2009）等提出了截面相关条件下的面板协整检验方法。其中，Bai et al.（2006）考虑了平稳的共同因子结构，提出了连续校正完全修改（continuous-updated fully modified，CUP-FM）估计量；而 Bai et al.（2009a）研究了非平稳因子结构，针对不同截面个体之间共同因子的效应不同，提出了连续校正有偏修正（continuous-updated biased correct，CUP-BC）估计法以得到参数一致估计量。Bai et al.（2009b）使用了 MSB（modified sargan-bhaigava）统计量对 $I(1)$ 和 $I(0)$ 型共同因子都进行了研究。此外，Westerlund（2006a，2006b）、Gutierrez（2010）等考虑了 AO 型结构突变的面板协整检验。Banerjee et al.(2006)、Westerlund et al.(2008) 等研究了截面相关和 AO 型结构突变的面板协整检验。

1.2.2 国内研究现状

在国内面板协整理论相关研究中，呈现出以实证研究为主、方法修正改进为辅的研究景象。

在面板协整检验方法修正上，余壮雄（2008）、杨继生（2009）从方法创新的角度研究了截面相关的面板协整检验；林谦等（2010）在 Bai et al.(2006) 考虑截面相关的面板协整模型基础上研究了自变量和因变量存在截面相关及截面长期协方差矩阵为异质矩阵的情形，并提出了系统检验的组间均值 t 统计量；韩本三等（2011）为了修正 Pesaran（2004）的研究中 CD 统计量存在的异向相关性相互抵消情形，提出了基于相关系数绝对值的新检验统计量，并通过蒙特卡洛模拟展示了新统计量具有较好的检验功效；王秋霞等（2013）对常用的四种面板协整检验方法进行了对比研究，揭示了其在模型设定、假设检验、渐近性质等方面的异同。

在模型参数估计上，赵梦楠等（2010）运用动态广义最小二乘估计法对非平稳面板数据协整模型进行了分析；刘理（2015）对有约束条件下的面板数据回归模型进行了研究，综合讨论了截面相关与截面独立情形下面板协整回归估计方法和固定效应面板数据模型的回归估计方法；杨宝等（2014）通过模拟的方法分析异质面板数据协整检验统计量的小样本性质，并给出了对应的响应面函数。

同时，国内学者对模型的适应性进行了关注和研究。胡毅等（2010）对当时流行的一类基于残差的面板协整检验统计量进行了小样本性质的对比推断，并对不同模型的适应性进行了说明总结；胡毅等（2013）针对面板数据模型中直接套用时间序列模型的 E-G 两步法进行了分析，推导了其极限分布，并通过模拟得出小样本性质，结果表明直接套用将导致过度拒绝零假设的后果。

此外，部分学者对面板数据的其他模型进行了研究。韩本三等（2014）利用 Copula 函数构造了针对截面相关的固定效应二元面板数据模型的检验有效估计量，并通过模拟得到其良好的小样本性质。杨继生等（2014）运用 ECM 算法对固定交互效应的面板截取模型进行了研究。王维国等（2014）将结构变化引入截面相关的半参数趋势面板数据模型，并构建了有效估计量和识别程序。

面板数据协整模型非常广泛地应用于经济、金融、贸易、能源等方面的实证研究中。鉴于篇幅和内容相关性，本书只暂列部分文献。王少平等（2007）运用面板协整检验考察了我国城乡收入差距的泰尔指数与经济增长之间的关系，他们采用的是 Pedroni 面板协整检验方法。曹裕等（2010）用 LLC、IPS 方法检验数据平稳性，并运用 Pedroni 面板协定检验方法检验协整关系，分析了我国城市化水平、城乡收入差距与经济增长之间的长期关系。陆静（2012）运用面板单位根、面板协整分析了金融发展与经济增长之间的均衡关系。赵皋（2014）利用面板单位根和协整检验考察了我国碳生产率增长与其影响因素之间的关系，他在其研究中用的是最经典的 LLC 和 IPS 来检验平稳性，用 Kao 的方法来检验长期均衡关系。以上研究都是运用最传统经典的模型进行面板数据非平稳性检验与建模，但是，根据数据结构的不同，实证研究也开始关注截面相关和结构变化的影响。比如，王鹤等（2014）、潘爱民等（2014）构建了基于全国大众城市面板数据的房价共同因子模型，应用 Pesaran（2004，2006）的研究方法进行面板数据截面相关检验和协整回归模型系数估计；王珂英等（2016）、王维国等（2013）等在构建非平稳面板数据模型之前首先考虑了截面相关性和结构变化，并采用了适宜的方法予以论证。这说明在实证研究中，越来越多的学者开始关注数据基本结构和模型的适宜性，也说明注重数据基本结构和模型适宜性是非平稳面板数据模型用于实证研究的主要变化趋势。

1.2.3 研究述评

以上国内外研究文献对面板协整检验理论的研究与应用都进行了较为完整的分析说明，但是仍然还有几个问题尚待进一步确定：

一是并不是所有学者都对面板协整方程设定过程中数据结构存在的截面相关和结构变化进行了诊断，也不是所有学者都对其交互效应进行分析。Castle et al.（2012）对存在多个突变点的模型选择进行分析；陈海燕（2016）对忽视截面相关和结构变化交互效应设定的模型进行了验证，发现其交互效应正改变着人们的传统认识。

二是鲜有学者将面板协整检验的先验检验——面板单位根检验与协整检验同时进行研究，大多数文献中已经设定协整模型中的自变量为 $I(1)$ 过程，很少有去讨论该 $I(1)$ 过程的截面相关和结构变化。这将导致非平稳面板数据建模的前后不一致性，导致建模结论的不可信。比如截面相关的面板数据进行截面相关单位根检验以后是否还需要再采用截面相关的协整检验方法，截面相关的处理与不处理对非平稳建模的影响等这些问题在已有文献中均无提及。

三是理论与实证研究的一致性问题。理论方法运用不当将产生伪检验结果，但是若理论方法相似，检验结果也一致，实证结果却始终不能更好地解释变量的数据关系，此时就产生真检验伪分析了。面板数据之间存在的串行式与并行式效应就易产生伪分析，这在已有文献中鲜有提及。

不同的理论方法都有其适用范围和适用形式，实证研究需要对数据结构进行基本判断以选择最适宜的方法。而且，共同因子结构的平稳或非平稳以及处理方式是采取乘法或加法，因子之间是否存在相互抵消或增强等都对模型估计检验产生不一样的影响，结构突变的处理方式同样影响着面板协整检验的结果。鉴于此，本研究着重对存在共同因子和结构变化的面板数据协整模型进行研究，以期结合中国实际数据得出具有可信性的方法和结论。

1.3 结构安排与创新

1.3.1 结构安排

第 1 章导论，主要介绍研究的选题背景和选题意义，并说明国内外主要的研究现状，给出本书研究概况、思路和主要创新点。

第 2 章从面板数据的特殊性出发，说明面板数据不同于时间序列数据和横截面数据的数据结构特征，并分别从截面相关和结构变化两方面对带个体和时间标识的二维面板数据结构进行基本判断，对识别数据结构进行进一步说明，然后对截面相关和结构变化的交互效应进行研究，改变了已有研究中的传统认识，最后给出交互效应检验和门限效应检验两类检验方法，旨在对面板数据结构进行判识。

第 3 章首先对截面独立或相关、结构变化或不变的面板单位根检验和协整检验进行文献回顾、方法总结，然后对带共同因子的非平稳面板数据建模思路进行一致性分析，通过分析推导发现已有研究中存在的不足，说明检验过程前后一致的必要性和重要性，最后给出了非平稳面板数据模型构建的一致性建议。

第 4 章首先分析了非平稳面板数据检验在应用过程中面临的主要问题，接着提出了解决第 2、第 3 章问题的主要方法，一个是适宜共同因子效应互相抵消的面板协整检验，一个是适宜结构变化和共同因子存在串行效应的面板协整检验，并通过实证研究验证了检验方法的可行性和可操作性。

第 5 章首先说明总体研究内容，然后总结主要创新点，最后对研究中存在的不足进行回顾，并给出了下一步的研究展望。

图 1.1 为主要研究内容的结构关系图。

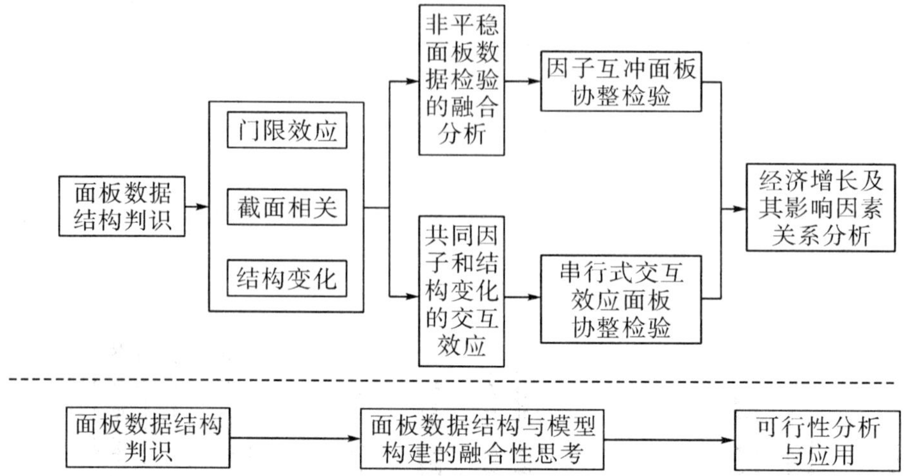

图 1.1　主要研究内容结构

1.3.2　主要创新工作

本书的主要内容有两大方面：一是进行面板数据基本结构的判识，二是进行非平稳面板数据检验方法的探索。这两方面可以分别归结为非平稳面板数据建模问题发现和问题解决的过程，研究的问题及解决思路自成体系，属较完整的非平稳面板数据模型研究。当然，本书所研究问题和问题的解决方法是在诸多学者已有研究成果的基础上深入和发展的。本书的主要创新点有：

（1）因共同因子的作用，不同个体之间可能会出现联动的结构变化效应。本书通过实际数据分析得出数据结构之间的交互效应，对模型选择上现有检验方法的不足提出疑惑，首次发现截面相关的存在改变了传统认为的结构变化触发点（主要由 2.5 小节予以说明），并对此给出了串行效应的检验步骤，解决面板数据基本结构判识问题（主要由 2.6.3 小节予以说明），进而对真检验伪分析现象进行解释。

（2）本书首次对非平稳面板数据建模过程中带共同因子的面板单位根检验和协整检验的一致性问题进行研究，发现在实证研究中建模步骤存在诸多盲点（主要由 3.3 小节予以说明），且已有检验方法确实存在不一致性现象，最后给出了一致性建议，并提出了因子互冲（counteraction）的面板协整检验用于解决非一致性问题（主要由 4.2 小节予以说明）。

（3）针对结构变化与共同因子的交互效应，本书构建了适宜的串行效应的面板协整检验方法，解决了实证研究过程中建模交互作用盲点问题（主要由 4.3 小节予以说明）。

（4）本书探讨面板数据同质门限值检验确定过程，提出了循序门限效应检验步骤，并运用实际数据进行了可行性验证（主要由 2.4 小节予以说明）。

2 面板数据基本结构判识

理论研究需要对数据结构进行定义和假设，而实证分析需要对数据结构进行分析和判断，数据结构的基本判识是模型选择的先决条件。

2.1 面板数据的特殊性

一般来说，面板数据具有时间和截面的双重特征，可以表示为带（i，t）的双下标形式，不同的变量可以记为 y_{it}、x_{it}、z_{it} 等。双重下标使得面板数据具有时间序列数据和横截面数据同时具有的一些性质，比如，面板数据具备时间序列数据可能存在的序列自相关和结构变化特征，也有横截面数据可能存在的异质性和空间相关性，所以形成了面板异方差检验、面板序列相关检验、面板截面相关检验、面板结构变化点检验等研究内容。例如，当分析中国 30 个省（自治区、直辖市）的外商直接投资对经济增长的影响效应时，省（区、市）自身的序列相关性、省（区、市）之间的异方差性、空间相关性以及宏观经济政策调整带来的结构变化等是必须要考虑的因素，忽略这些因素将导致问题分析偏离实际，分析结论无效。

同时，面板数据还具有单纯时间序列数据和横截面数据不具备的一些性质，比如，面板数据模型可以根据时间和个体的不同效应，分为单向（one-way）面板数据模型和双向（two-way）面板数据模型；可以根据效应的不同类别分为个体随机效应模型、个体固定效应模型、时间随机效应模型和时间固定效应模型；面板数据的异方差检验除了传统横截面数据具有的情形以外，还可以有多种情形进行对比研究（陈海燕，2012）。

违背经典假设的异方差和序列相关检验与修正方法在时间序列数据或横截面数据研究中已比较成熟，在面板数据模型设定和估计方面也已有较完整的研究，只是在面板数据模型中其表现与单纯的时间序列模型和横截面数据模型不一样，更多地呈现出联合影响效应，比如 Baltagi et al.（2009，2010）和 Breitung（2016）考虑的联合拉格朗日乘数检验（LM 检验）或边际 LM 检验，均是对异方差、序列相关和固定效应模型或随机效应模型进行联合研究。关于面板截面相关和结构变化的检验方法，目前运用较广的主要是 Bai（2010）和 Bai et al.(2004）等的检验方法。虽然已有针对面板数据模型设定和估计的部分研究，但是尚有诸多问题待解决，比如关于截面相关和结构变化的联合检验还没有文献可参考。面板数据的特殊性决定了其模型选择的复杂性，比如 Su et al.（2015）采用非参数的方法考虑了交互效应面板数据模型的设定检验，Li（2015）对动态面板数据模型的选择问题进行了研究。

而对于非平稳面板数据模型，首先是假定数据不存在截面相关和结构变化的，随着假设条件的放宽，越来越多的文献开始研究带截面相关和结构变化的面板协整模型，处理方式一般是分别处理，将数据转换为截面独立或不存在结构变化后再继续进行建模估计（Westerlund et al.，2008；Banerjee et al.，2015；等等）。在非平稳时间序列模型中，序列仅可能存在结构变化和序列自相关，其检验方法和处理方式都已比较成熟。但是，面板数据截面个体之间可能存在的截面相关或空间相关将改变单序列结构，与结构变化还会存在交互影响作用，该交互影响将可能改变传统数据分析方式，进而改变模型处理和选择结果。由于截面相关或空间相关与结构变化的交互影响，面板数据进一步呈现出异于以上分析的特殊性，而这种特殊性将可能改变已有非平稳面板数据的单位根检验和协整检验，这是本书会进一步讨论的面板数据的特殊性。

借鉴通信信号里的信息结构，这里将面板数据模型所表现出的交互效应分为并行（parallel）与串行（serial）两种形式。并行主要表现为多种效应之间的并列关系，比如 2.6.1 小节和 2.6.2 小节中异方差与空间相关、异方差与序列自相关间的联合效应或边际效应。当异方差与空间相关以并列方式出现在模型中时，同时估计这两种情况被称为联合效应。但当忽略其中一种情况时，估计的结果被称为边际效应。串行效应不同于已有研究中的边际效应，而是表现为多种效应之间的串联、递进关系，比如 2.6.3 小节里结构变化和共同因子的交互影响，使结构变化和共同因子不再是并行于模型中，而表现为共同因子发生了结构变化。

具体表现以结构变化与共同因子之间的交互效应为例说明，并行数据结构的模型为

$$y_{it} = x_{it}'\beta + \gamma D_{it} + u_{it},\ u_{it} = \lambda_i' F_t + v_{it} \tag{2.1.1}$$

当 $\lambda_i \neq 0$ 时，存在共同因子；当 $\gamma \neq 0$ 时，存在结构变化。联合效应的原假设为 H_0^a：$\lambda_i = 0$，$\gamma = 0$，当原假设成立时，模型没有共同因子，也没有结构变

化。边际效应的原假设为 H_0^b：$\gamma=0 | \lambda_i \neq 0$ 和 H_0^c：$\lambda_i=0 | \gamma \neq 0$，分别表示只存在结构变化或共同因子。但是串行数据结构时模型为

$$y_{it}=x_{it}{}'\beta+u_{it},\ u_{it}=\lambda_i{}'F_t+v_{it},\ \lambda_i{}'F_t=\gamma D_{it}+\varepsilon_{it} \qquad (2.1.2)$$

当 $\lambda_i \neq 0$ 时，存在共同因子；当 $\gamma \neq 0$ 时，共同因子存在结构变化。共同因子与结构变化之间存在串行的递进关系，H_0^a：$\lambda_i=0$ 就意味着 $\gamma=0$，所以不存在并行结构下的原假设 H_0^c：$\lambda_i=0 | \gamma \neq 0$。具体讨论见小节 2.6.3。

综上，面板数据的特殊性有两个层面，一个是单纯时间序列数据和横截面数据含有的序列自相关、异方差、结构变化等，另一方面是由于维度变化带来的截面相关以及各种特性的交互影响。

2.2 面板截面相关

2.2.1 定义与后果

面板数据模型的一般形式为

$$y_{it}=\mu+X_{it}{}'\beta+\alpha_i+\lambda_t+u_{it} \qquad (2.2.1)$$

其中，$y_t=(y_{1t},\ \cdots,\ y_{Nt})'$ 为因变量，$X_t=(X_{1t},\ \cdots,\ X_{Nt})'$ 为 K 个自变量；$\beta=(\beta_1,\ \cdots,\ \beta_K)'$ 表示待估参数；μ 表示模型在时空上的共同均值项；i 为截面个体下标，t 为时间下标，N 表示面板数据中含有的个体数，T 表示时间序列的长度。α_i 为随截面个体变化而变化，但不随时间推移而变化的变量；λ_t 为随时间变化而变化，但不随个体变化而变化的变量；u_{it} 是剩余误差项。

将随机扰动项表示为向量形式，有 $u'_i=(u_{i1},\ u_{i2},\ \cdots,\ u_{iT})_{1\times T}$，为了得到模型（2.2.1）的最优估计量，假设模型满足线性回归的经典假设，关于 u_{it} 的假设①为

$$E\,u_i=0,\ E\,u_i u_i{}'=\sigma_u^2 I_T,\ E\,u_i u_j'=0,\ i\neq j \qquad (2.2.2)$$

其中，I_T 为 $T\times T$ 的单位矩阵。当截面存在相关性时，假设条件 $E\,u_i u_j'=0$ 不再成立。面板数据模型中截面相关的定义为

$$E\,u_i u_j'\neq 0,\ i\neq j \qquad (2.2.3)$$

根据截面相关的时期，截面相关可以分为同期截面相关，$\mathrm{cov}(u_{it},\ u_{jt})\neq 0$；异期截面相关，$\mathrm{cov}(u_{it},\ u_{j,\ t-k})\neq 0,\ k\neq 0$。

---

① HSIAO C. Analysis of panel data, 3rd edition [M]. Cambridge: Cambridge University Press, 2014: 35-36.

截面相关是面板数据存在的基本数据特征，忽视截面相关可能存在以下几种后果：

（1）对线性模型 OLS 估计量的影响

与违背经典假设的异方差和序列相关类似，在统计性质上截面相关的存在改变了随机扰动项的方差—协方差矩阵，使其不再等于于 $\sigma_u^2(I_N \otimes I_T)$ ，致使与 σ_u^2 有关的统计量性质发生改变。因此，截面相关情形下面板回归模型 OLS 估计量的线性性和无偏性不变，但是有效性受到影响，OLS 估计量不再满足方差最小性。同时，基于 t 统计量的参数显著性检验不可靠。

（2）对非平稳数据检验的影响

Maddala et al.(1999) 通过 Monte Carlo 模拟发现，当面板数据存在同期截面相关时，常用的面板单位根 LLC 检验、IPS 检验、组合 P 值检验等统计量的渐近分布不再成立。对于存在截面相关的非平稳面板数据模型，忽视截面相关将导致估计结果不一致或检验结果无效（Phillips et al., 2003; Moon et al., 2004; 等等）。

（3）对模型设定的影响

对于存在结构变化的面板数据模型，截面相关将改变结构变化发生的位置。一般来说，我们将带结构变化的面板数据模型设为

$$y_{it} = X_{it}'\beta + \gamma_i D_{it} + u_{it} \tag{2.2.4}$$

其中，$\gamma_i D_{it}$ 表示异质结构变化项①，D_{it} 表示结构变化的类型，比如均值变化、方差变化等。如果存在截面相关，一般考虑为 $u_{it} = \lambda_i' F_t + v_{it}$ ，$\lambda_i' F_t$ 表示共同因子项，F_t 为共同因子，λ_i 为载荷系数。已有文献中均将截面相关与结构变化进行分别处理，但是，陈海燕（2018）研究发现截面相关会改变模型中结构变化的发生位置，表现为

$$y_{it} = X_{it}'\beta + u_{it},\ u_{it} = \lambda_i' F_t + v_{it},\ \lambda_i' F_t = \gamma_i D_{it} + \varepsilon_{it} \tag{2.2.5}$$

即共同因子项发生了结构变化。

如果真实数据结构为 $\lambda_i' F_t = \gamma_i^* D_{it} + \varepsilon_{it}$ ，则可以写成

$$\lambda_i' F_t - \gamma_i^* D_{it} + \varepsilon_{it} = 0 \tag{2.2.6}$$

若按照已有研究中的分别处理方法，设

$$y_{it} = X_{it}'\beta + \gamma_i D_{it} + \lambda_i' F_t + v_{it} \tag{2.2.7}$$

此时，对于变量 $\{y_{it}\}$ ，共同因子 F_t 和结构变化 D_{it} 均为自变量，γ_i 和 λ_i 为待估系数，则式（2.2.6）表明模型（2.2.7）中自变量存在近似共线性。从违背

① 与模型（2.1.1）和（2.1.2）中同质结构变化设置稍有不同，此处的 γ_i 表示不同截面的影响系数不同，体现截面异质性。

经典假设的计量经济学理论可知，近似共线性将导致参数估计量无效、经济含义不合理等后果。这说明，如果研究者不能正确处理模型中的结构变化与截面相关，误设了模型形式，将导致参数估计无效、模型解释不合理。

（4）对实证分析结论的影响

在方法应用上，相对于截面独立的假设，截面相关的存在改变了数据的结构特征和回归模型的经济意义。在实证分析中，如果研究者忽略了实际存在的面板截面相关关系，将扩大或减少某些因素的影响作用。比如分析投资的经济效应时，忽略来自国内外经济金融市场的宏观共同冲击将扩大投资对经济增长的作用。对比模型（2.2.4）和模型（2.2.5）也能发现，如果研究者忽视了截面相关对结构变化的影响，将导致实证结论出现严重偏差。

对于存在截面相关的非平稳面板数据模型，忽视截面相关将导致估计结果不一致或检验结果无效（Phillips et al.，2003）。当横截面个体数量 N 较少、时间序列维度 T 比较长时，则可以构建似不相关回归（seemingly unrelated regression，SUR）模型，并采用广义最小二乘估计法进行参数估计（Zellner，1962）。但是当时间维度不够长或者当 $N > T$ 时，SUR 模型就不可行了。对于 $N > T$ 的情形，目前主要有空间相关和残差多因子结构两种处理方式，具体可以参见 Chudik et al.(2011) 的研究。

2.2.2 因子结构

共同因子结构是面板截面相关的最常有表现形式，一般存在于带共同因子的面板回归模型，该结构集中探讨截面相关情形下面板随机效应、固定效应、动态效应的模型检验与估计。Bai et al.(2004) 对 PANIC 进行了界定和研究，将面板数据模型中存在的共同因子结构表示为时间效应和个体效应的乘积形式，其中，他们将时间效应视为个体面临的共同冲击，将个体效应视为个体对冲击的不同反应。Bai（2009）将该共同因子项进一步定义为交互效应（interactive effects），并由此引起学界对面板数据模型联动效应的研究热潮。李鲲鹏和文益俊（2012）提出了面板联动效应模型的 EM 算法和 MCMC 算法，Hardingh et al.(2014)、叶小青（2014）、杨继生等（2014）、李毅等（2016）、Shi et al.(2017) 分别对带联动固定效应的非线性面板模型、截面模型、面板分位数模型、动态面板模型、空间面板模型进行研究。Yamamoto et al.(2015)、Su et al.(2017) 等研究了共同因子模型中载荷系数发生结构变化的问题。徐凤等（2018）对截面相关面板数据中存在的部分异质结构进行了研究。

2.2.2.1 *存在性检验*

为了检验截面个体之间是否存在相关性，早期较为常见的方法是 Breush et al.

(1980) 提出的基于 LM 的截面相关存在性检验，检验的原假设为对于所有的 t ，当 $i \neq j$ 时，有 $\text{cov}(u_{it}, u_{jt}) = 0$。统计量为

$$CD_{lm} = T\sum_{i=1}^{N-1}\sum_{j=i+1}^{N}\hat{\rho}_{ij}^2 \tag{2.2.8}$$

其中，$\hat{\rho}_{ij} = \hat{\rho}_{ji} = \sum_{t=1}^{T} e_{it}e_{jt} / \sqrt{(\sum_{t=1}^{T} e_{it}^2)(\sum_{t=1}^{T} e_{it}^2)}$ 。e_{it} 为原模型 OLS 回归的残差。但是，统计量 CD_{lm} 在 N>T 的情况下表现欠佳，所以，Pesaran（2004）提出了另一个修正的检验统计量，为

$$CD = \sqrt{2T/N(N-1)}\sum_{i=1}^{N-1}\sum_{j=i+1}^{N}\hat{\rho}_{ij} \tag{2.2.9}$$

Pesaran 还论证了该统计量在结构变化和异质动态面板数据模型中检验的稳健性。韩本三等（2011）、Pesaran et al.(2008）均对 CD 统计量进行了再修正研究，分别提出了 NLM 和 MCD 检验统计量，分别为

$$NLM = \sqrt{\frac{2}{N(N-1)}}\sum_{i=1}^{N-1}\sum_{j=i+1}^{N}\frac{(T-k)\hat{\rho}_{ij}^2 - \mu_{Tij}}{\sigma_{Tij}}$$

$$MCD = \sqrt{\frac{2T\pi}{N(N-1)(\pi-2)}}\sum_{i=1}^{N-1}\sum_{j=i+1}^{N}(\sqrt{T}\,|\hat{\rho}_{ij}| - \frac{2}{\sqrt{2\pi}}) - \frac{4N}{5T} \tag{2.2.10}$$

其中，μ_{Tij} 和 σ_{Tij} 为 $(T-k)\hat{\rho}_{ij}^2$ 的均值和方差，k 为截面个体的数量，$E(\sqrt{T}\,|\hat{\rho}_{ij}|) = 2/\sqrt{2\pi}$ 。

2.2.2.2　强弱相关

对于截面个体之间的相关是以怎样的形式或者程度存在的，我们还需要做进一步的研究。截面相关面板数据的因子结构可以分为截面弱相关（cross-sectionally weakly dependent，CWD）和截面强相关（cross-sectionally strongly dependent，CSD）。

对于给定的时间点 $t \in \Gamma$ ，满足条件 $\lim_{N\to\infty} Var(w'_t z_t | \Gamma_{t-1}) = 0$，则称序列 $\{z_{it}\}$ 为截面弱相关；若满足条件 $Var(w'_t z_t | \Gamma_{t-1}) \geqslant K > 0$，则称序列 $\{z_{it}\}$ 为截面强相关。其中，Γ_{t-1} 为信息集，$\sum_{i=1}^{N} w_{it} z_{it} = w'_t z_t$ 为加权平均值且 w_t 和 z_t 满足两个假设条件，具体信息可以参见 Chudik et al.(2011）的研究。在实际应用过程中，我们需要考虑不同的信息集。对于动态数据模型，信息集应该包含所有的滞后变量，比如 $\Gamma_{t-1} = \{z_{t-1}, z_{t-2}, \ldots\}$ ；在平稳面板数据模型中，信息集可以是截面个体的无条件协方差均值。

对于共同因子模型，设

$$z_{it} = \gamma_{i1}f_{1t} + \gamma_{i2}f_{2t} + \cdots + \gamma_{iN}f_{Nt} + \varepsilon_{it} \tag{2.2.11}$$

其中，共同因子 f_{jt} 为零均值方差为 1 的协方差平稳过程。条件方差为

$$Var(z_{it} \mid \Gamma_{t-1}) = Var(\sum_{j=1}^{N} \gamma_{ij}f_{jt} \mid \Gamma_{t-1}) + Var(\varepsilon_{it} \mid \Gamma_{t-1}) = \sum_{j=1}^{N} \gamma_{ij}^2 + \sigma_i^2 \tag{2.2.12}$$

在多因子模型中，如果 $\lim_{N\to\infty} N^{-1} \sum_{i=1}^{N} |\gamma_{ij}| = K > 0$，则因子 f_{jt} 为强因子；若 $\lim_{N\to\infty} \sum_{i=1}^{N} |\gamma_{ij}| = K < \infty$，则因子 f_{jt} 为弱因子。Chudik et al.(2011) 还对半强或半弱的因子进行了定义。

2.2.2.3 因子处理

在处理截面相关时，Coakley et al.(2002，CFS) 提出了用 OLS 残差的主成分来进行扩展回归，得到主成分估计量以处理截面相关。但是因为 OLS 估计时模型是存在截面相关的，且不可观测的因子与因变量之间可能还存在相关性，导致该估计量不满足一致性，所以建议用代理变量来进行截面相关的处理。Pesaran (2006) 考虑了用两种不同但存在内在联系的方法来处理 CFS 统计量的不一致性，给出了具有一致性的 CCE 估计量 (common correlated effects estimators)，分别构建了基于组平均的 CCEMG 统计量和基于混合估计的 CCEP 统计量，用于处理面板回归模型中的多因子误差结构。Kapetanios et al.(2011) 将 CCE 方法扩展到了非平稳共同因子结构。

Bai et al.(2004) 将截面相关处理为共同因子结构，采用了主成分分析方法进行退因子处理。因子模型为

$$z_{it} = \sum_{j=1}^{k} \lambda_{ij}F_t + e_{it} = \lambda_i{}'F_t + e_{it}, \ i = 1, 2, \cdots, N, \ t = 1, 2, \cdots, T \tag{2.2.13}$$

其中，e_{it} 为 $I(0)$ 的误差序列，k 为截面间共同因子的个数，$\lambda_i = (\lambda_{i1}, \lambda_{i2}, \cdots \lambda_{ik})'$ 为因子载荷向量，$F_t = (F_{1t}, F_{2t}, \cdots, F_{kt})'$ 为共同因子。Bai et al.(2002) 给出了确定 k 的取值 $\hat{k}$ 的检验标准，分别为 PC 和 IC 统计量，具体为

$$PC(k) = V(k) + kg(N, T), \ IC(k) = \ln V(k) + kg(N, T) \tag{2.2.14}$$

共同因子和因子载荷可以通过最小化下式进行估计：

$$V(k) = \min_{\lambda^k, F^k} (NT)^{-1} \sum_{i=1}^{N} \sum_{t=1}^{T} (X_{it} - \lambda_i^{k\,\prime} F_t^k)^2 \tag{2.2.15}$$

此外，Huang et al.(2008) 基于 Copula 给出了一种面板截面相关的检验方法。Ng (2006) 基于对相关阶数进行概率积分变换而提出了一种截面相关的检验方法。Baltagi 等 (2012) 提出了面板固定效应模型中截面相关的 LM 检验方法。杨继生等 (2007)、余壮雄 (2008) 对非平稳面板数据因子模型进行了研究。

2.2.3 空间相关

空间相关结构是面板数据截面空间相关关系的直接表现，一般存在于空间面板模型，集中探讨空间滞后模型、空间误差模型、空间杜宾模型、空间随机系数模型等的检验与估计（Baltagi et al.，2010；Elhorst，2014）。空间权重矩阵是空间相关关系的直接定义，由最初的单一对称矩阵进阶为以贸易关系、经济距离等为标准的非对称时变矩阵。欧变玲等（2015）基于时变空间权重矩阵提出更能有效识别面板空间关系的稳健 LM 检验。

空间相关主要是指截面个体因空间地理位置或空间距离而发生的相关性，其相关程度不仅可以由空间物理距离测定，还可以由经济、政治、社会等进行测量，带空间相关的面板数据模型估计方法有 ML、GMM、非参数估计等（Pesaran et al.，2011）。

对于空间误差回归模型，有

$$y_{it} = X'_{it}\beta + u_{it}, i = 1, \cdots, N, t = 1, \cdots, T \tag{2.2.16}$$

其中，u_{it} 为回归误差扰动项。

空间相关可以用空间权重矩阵 $W = (w_{ij})$ 进行表示，为

$$u_{it} = \lambda\left(\sum_{j=1}^{N} w_{ij}u_{jt}\right) + \sigma_i\varepsilon_{it}, i = 1, 2, \cdots, N \tag{2.2.17}$$

其中，ε_{it} 为独立同分布的误差剩余项。当原假设 H_0：$\lambda = 0$ 成立时，截面个体之间不存在空间相关（Anselin，1988）。

Baltagi et al.(2010) 对面板数据存在的空间相关性进行了检验研究，主要分为空间误差相关和空间自回归两种情况。具体模型式为

$$\begin{aligned} y_{it} &= \gamma + \beta x_{it} + u_{it} \\ u_{it} &= \begin{cases} \rho_1 W_N u_t + \varepsilon_t, & \text{SAR} \\ \rho_2 W_N \varepsilon_t + \varepsilon_t, & \text{SMA} \end{cases} \end{aligned} \tag{2.2.18}$$

其中，剩余误差项 $\varepsilon_t = \mu + v_t$，$\mu_i \sim iid.\ N(0, \sigma_\mu^2)$，$v_{it} \sim iid.\ N(0, \sigma_v^2)$。$W_N$ 是 $N \times N$ 维的空间权重矩阵。当原假设 H_0：$\rho_1 = 0$ 或 H_0：$\rho_2 = 0$ 时，可以分别对空间相关的类型进行检验判断。

Baltagi et al.(2003)、Baltagi et al.(2008)、Baltagi et al.(2009) 对 Anselin (1988) 仅考虑关于 $\lambda = 0$ 的 LM 检验进行了扩展，将截面相关与随机效应、空间滞后效应、异方差进行了结合，根据不同的原假设给出了相应的联合 LM 检验和条件 LM 检验统计量（陈海燕，2012）。

经济活动并不表现为单一的相关特性，而是呈现出复杂的叠加关系和依存

关系，因此，学者们开始关注动态因子结构和空间相关相结合的模型形式。Pesaran et al.(2011) 研究了大维面板数据模型误差项存在的共同多因子结构和空间相关关系。Millo (2017) 针对存在共同因子结构的非平衡短面板数据提出了空间相关关系的随机化检验方法。Shi et al.(2018) 针对存在共同因子空间面板模型提出了内生时空权重矩阵的 QML 估计。Shi et al.(2017) 进一步区分了空间面板模型中存在的全域和局域相关关系，将空间相关关系定义为空间局域相关即空间联动效应项，将共同因子定义为全域相关。

此外，更多的截面相关类型和检验方法可以参见 Sarafidis et al.(2012) 的研究。

2.2.4 同期异期相关

上述的面板数据截面相关检验的原假设为对于所有的 t，当 $i \neq j$ 时，有 $cov(u_{it}, u_{jt}) = 0$。但是根据相关时点的差异，截面相关的形式还可以分为同期相关（contemporaneous correlation）和异期相关（non-contemporaneous correlation）。白仲林（2008）对同期相关性进行了简要的解释。由于货币政策、要素价格和地缘经济因素等不易观测或度量的因素的共同影响，同一个国家不同商品的需求量、不同企业的投资和不同区域的消费水平等经济变量间呈现出明显的同时期相关性。

同期截面相关的原假设 H_0：$cov(u_{it}, u_{jt}) = 0$，其中 $i \neq j$。但是，异期截面相关的原假设可以设为 H_0：$cov(u_{it_1}, u_{jt_2}) = 0$，其中 $i \neq j$，$t_1 \neq t_2$。

在常用面板数据模型 $y_{it} = X'_{it}\beta + u_{it}$ 中，一般假设随机误差项不存在序列相关和截面相关，此处的截面相关均是指同期截面相关，检验方法可以采用前述的 CD 检验统计量，而关于异期截面相关目前还鲜有文献进行研究。Yamagata (2008) 对面板自回归模型中的序列相关进行了检验研究，检验原假设为：H_0：$cov(\Delta u_{it}, u_{it+s}) = 0$，$s = 2, 3, \cdots, p(\leq T-3)$。异期相关类似于截面相关与序列相关的混合效应问题，这里，该问题已经超过本书研究范围，但可以作为未来研究内容持续关注。

2.2.5 实证分析

本书选取我国 30 个省（区、市）1999—2017 年的经济增长水平和外商直接投资作为案例数据进行截面相关实证分析，采用 R 语言处理面板数据模型中的截面相关。

2.2.5.1 截面相关检验

在 R 语言 plm 包里提供了针对面板回归模型的截面相关检验命令：

pcdtest，该命令可以选择上文提及的 LM 检验或 CD 统计量等方法检验模型残差中是否存在截面相关。

构建面板数据混合回归模型有

$$\text{Model 1:}\quad \lg dp_{it} = \alpha + \beta \mathrm{l}fdi_{it} + u_{it} \tag{2.2.19}$$

其中，$\lg dp_{it}$ 表示经济增长水平的对数形式，$\mathrm{l}fdi_{it}$ 表示外商直接投资的对数形式，u_{it} 表示剩余项，$i = 1$，…，31，$t = 1999$，…，2017。

面板固定效应模型为

$$\begin{gathered}\text{Model 2:}\quad \lg dp_{it} = \alpha + \beta \mathrm{l}fdi_{it} + u_{it} \\ u_{it} = \alpha_i + \varepsilon_{it},\ E(u_{it} \mid X_{it}) \neq 0\end{gathered} \tag{2.2.20}$$

面板随机效应模型为

$$\begin{gathered}\text{Model 3:}\quad \lg dp_{it} = \alpha + \beta \mathrm{l}fdi_{it} + u_{it} \\ u_{it} = \alpha_i + \varepsilon_{it},\ E(u_{it} \mid X_{it}) = 0\end{gathered} \tag{2.2.21}$$

我们对面板数据存在的随机或固定效应进行检验，以构建更为适宜的模型形式，估计及检验结果见表 2.1。

表 2.1　模型回归结果

模型	α	β	$\bar{R}^2$	CD − statistic	$P_{CD-\text{statistic}}$
Model 1	2.21	0.65	0.74	81.39	小于 2.2e−16
Model 2	NA①	0.96	0.86	24.76	小于 2.2e−16
Model 3	−0.73	0.94	0.85	28.86	小于 2.2e−16

采用冗余 F 检验 Model 1 和 Model 2，R 命令为 pFtest，检验统计量为 74.02，上下自由度分别为 30 和 557，伴随概率小于 2.2e−16，说明我们应拒绝原假设，认为固定效应模型更适宜。再采用 Hausman 检验 Model 2 和 Model 3，R 命令为 phtest，检验统计量为 303.14，伴随概率小于 2.2e−16，说明我们应拒绝原假设，认为固定效应模型更为适宜。因此，这里选用 Model 2 作为面板数据回归模型。对三个模型的回归残差进行 CD 截面相关检验，原假设为不存在截面相关，表 2.1中检验结果均显示残差序列存在截面相关。

2.2.5.2　截面相关修正

首先，我们采用共同因子结构修正截面相关，按照 Bai et al.(2004) 的方

① R 语言中固定效应模型回归不单独显示常数项估计值，而可以通过 fixef（model 1）显示含常数项的个体固定效应。

法，运用主成分分析方法提取共同因子，计算载荷系数，结果如图 2.1 所示。

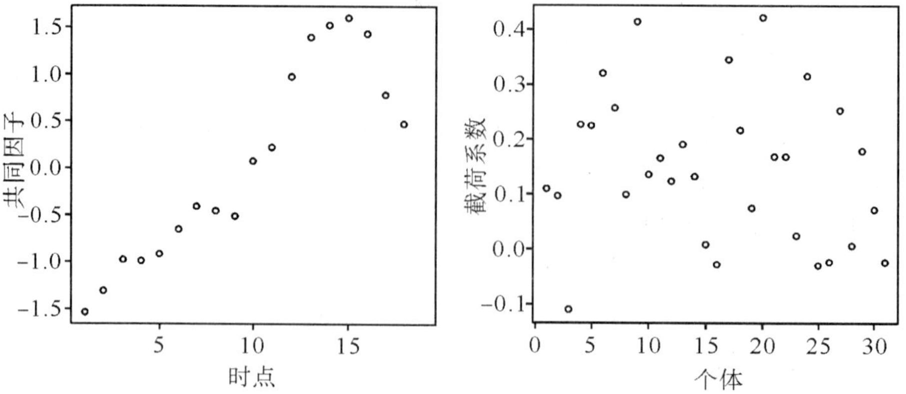

图 2.1　Model 2 中的共同因子及其载荷系数

其次，我们再采用空间相关处理面板截面相关，以检验截面相关是否由空间效应引起。采用 R 命令 slmtest 对空间效应进行检验，将权重矩阵设为地理邻接矩阵，结果如表 2.2 所示。检验统计量 Lml 较 Lme 更为显著，且 Rlml 也较 Rlme 更为显著，因此选择空间滞后面板数据模型。

表 2.2　空间效应检验

	LM	P_{LM}
Lme	99.75	小于 2.2e-16
Rlme	7.35	0.006
Rlml	320.81	小于 2.2e-16
Lml	413.2	小于 2.2e-16

采用 R 命令 spml 构建空间滞后固定效应模型，回归结果为

$$\text{Model 4：}\quad \lg dp_{it} = \underset{(66.74)}{0.838} W\lg dp_{it} + \underset{(13.28)}{0.169} lfdi_{it} \tag{2.2.22}$$

其中，对数似然值为 456.78，（·）表示对应的 t 检验统计量值，权重矩阵 W 为 0-1 邻接矩阵。

最后，我们对共同因子结构和空间相关结构处理后的残差序列进行截面相关检验，结果见表 2.3。在固定效应模型 Model 2 中提取共同因子项以后，CD 检验统计量值为-1.08，伴随概率为 0.28，模型不存在截面相关。在空间滞后模型 Model 4 中考虑空间相关以后，CD 检验统计量值为 4.68，伴随概率小于

显著性水平 0.05，模型中仍然存在截面相关，说明此处采用邻接矩阵处理空间关系并不能有效消除面板数据存在的截面相关性。

表 2.3　截面相关再检验

模型	CD - statistic	$P_{CD\text{-statistic}}$	截面相关处理方式
Model 2	-1.08	0.28	共同因子
Model 4	4.68	2.885e-06	空间相关

2.3　结构变化检验

变点问题最早是由 Page（1954）为研究质量控制而提出的，他用序贯分析中累积和算法（cumulative sum，CUSUM）来寻找变点，这一思想在后续变点研究中得到广泛运用（董翠玲，2013；李拂晓，2015）。因变点检测具有很强的现实契合性和实用性，近几十年来许多研究仍持续关注变点检验，主要检验方式有以下几种：一是参数约束性检验。Chow（1960）最早提出针对已知突变位置的 F 检验，Andrews（1993）、Bai et al.(1998）扩展 F 检验对未知多个变点进行检测，而后 Qu et al.(2007）将研究拓展到多元时序模型，并提升了统计量的检验功效。Alexer et al.(2013）对时间序列中的结构变化进行了文献综述。Castle（2012）对带多个结构变化点的模型选择问题进行了研究。二是贝叶斯检验方法。Inclan C et al.(1994）采用贝叶斯检验方法研究了时间序列的方差变点问题，王维国等（2009）、廖远甦等（2011）、朱慧明等（2014）、郭婧等（2017）分别基于贝叶斯检验方法提出了隐性均值变点和方差变点的检测方法。三是其他方法。信息极大化方法以模型回归 AIC 信息准则为选择标准，通过极大似然方法估计结构变化（宿成建 等，2003）；单位根检验方法以在单位根检验式中加入虚拟变量以递归、滚动、循序的方法寻找变点（Perron，1997；陈海燕 等，2009；等等）。

面板数据结构变化点的检测，最早由 Joseph et al.(1992，1993）进行研究，他们建立了每个横截面序列都有突变点的随机突变模型（random breaks model），并假设所有突变点都是独立同分布的。面板数据结构变化的检验研究围绕序列突变前后分布是否变化、突变序列的时间 T 是否固定（突变点是否会随总体时间长度而变化）、突变类型是均值突变还是方差突变、突变点是否内生等不同问题展开，这些问题与传统的时间序列结构变化研究比较类似。而对面板数据结构变化比较独特的应用在于多个横截面个体的突变点是同质结构变化（homogeneous breaks）还是异质结构变化（heterogeneous breaks）。Bai et al.（2009）对面板异质结构变化进行了较广的定义，当不同截面个体具有不同的突变时间点、不同的突变程度、不同数量的突变点，或者均值和方差突变发生在不同的时间点时，都可以被称为异质结构变化。此部分以面板数据横截面个体结构变化时间点是否同期作为结构变化分类的唯一标准，门限值情况将在2.6小节加以讨论。

2.3.1 同质结构变化

这里将面板数据同质结构变化理解为同期结构变化，即每个横截面个体的突变点时间是一致的。Bai（2010）认为相对于 Joseph et al.(1993）考虑的异期随机突变点，同期突变点的约束性太强，但是当不同截面个体在面临共同冲击（common shocks）或者政策调整（policy shift）时，同期突变点确实存在。面板数据模型同期突变点的初始检验思想来源于多元时间序列数据。Han et al.（1989）利用多元 Cusum 检验统计量构造了面板数据结构变化点检验方法，并将之应用于美国制造业物品贸易数据中。Liao（2008）应用 Bayesian 方法估计和推导了面板数据模型的结构突变。陈海燕等（2009）基于 ADF 统计量提出了面板数据共同突变点的循序检验方法。Kim（2011）采用残差平方和最小的思路建立了面板数据共同时间趋势突变的检验程序。

随着面板数据结构变化点检验的进一步研究，越来越多的文献关注不同模型形式下的结构突变。Emerson et al.(2000）针对带时间趋势的面板数据模型提出了基于 Wald 统计量的未知突变点检验方法。Feng et al.(2009）研究了多元面板回归模型未知共同突变点的估计、极限分布。Wachter et al.(2012）诊断了线性动态面板数据模型的内生结构突变点，原假设为无结构突变的 AR（1）模型，备择假设为结构突变的模型形式。Pauwels et al.(2012）基于 Chow（1960）的研究提出了适宜于异质面板数据模型的结构变化检验，且结构变化并不影响所有截面，而是仅影响部分截面个体。该检验还允许误差项存在序列自相关。王小刚等（2013）基于分层贝叶斯方法提出了针对随机系数动态面板数据模型未知突变点的检验方法。Karavias et al.(2014）提出了带时间趋势的高阶面板自回归模型的同期未知突变点检验方法。

Bai（2010）建立了面板数据共同突变点的估计方法，分别运用 OLS 和 QML 方法构建了均值和方差变化点的检验统计量，同时考虑了时间长度固定与变化两种情况，构建了面板数据模型共同突变点的一致估计量，并提出了用于研究其极限分布的新框架。Banerjee et al.(2015)、Baltagi et al.(2016) 采取了 Bai (2010) 研究使用的同质突变点检验方法。鉴于 Bai (2010) 的检验方法简单且实用，下面着重介绍该方法：

在该检验中，均值变化模型为

$$Y_{it} = \begin{cases} \mu_{i1} + e_{it}, & t = 1, 2, \cdots, k_0 \\ \mu_{i2} + e_{it}, & t = k_0 + 1, \cdots, T \end{cases} \tag{2.3.1}$$

其中，$i = 1, 2, \cdots, N$，$\mu_{i1} \neq \mu_{i2}$，k_0 为未知结构变化点，e_{it} 为平稳过程，且 $E(e_{it}) = 0$。为了估计均值结构变化点，Bai 构造了如下统计量：

$$\hat{k} = \underset{1 \leq k \leq T-1}{\operatorname{argmin}} SSR(k) \tag{2.3.2}$$

其中，$SSR(k) = \sum_{i=1}^{N} S_{iT}(k)$，$S_{iT}(k) = \sum_{t=1}^{k} (Y_{it} - \bar{Y}_{i1})^2 + \sum_{t=k+1}^{T} (Y_{it} - \bar{Y}_{i2})^2$ 为基于 OLS 方法的目标函数，$\bar{Y}_{i1} = \frac{1}{k} \sum_{t=1}^{k} Y_{it}$，$\bar{Y}_{i2} = \frac{1}{T-k} \sum_{t=k+1}^{T} Y_{it}$。一致性条件为 $\lim_{N \to \infty} \sum_{i=1}^{N} (\mu_{i1} - \mu_{i2})^2 = \infty$。

方差变化模型为

$$Y_{it} = \begin{cases} \mu_{i1} + \sigma_{i1}\eta_{it}, & t = 1, 2, \cdots, k_0 \\ \mu_{i2} + \sigma_{i2}\eta_{it}, & t = k_0 + 1, \cdots, T \end{cases} \tag{2.3.3}$$

其中，$i = 1, 2, \cdots, N$，$\mu_{i1} \neq \mu_{i2}$，$\sigma_{i1} \neq \sigma_{i2}$，$k_0$ 为未知结构变化点，η_{it} 为线性过程，且满足 $E(\eta_{it}) = 0$，$\operatorname{var}(\eta_{it}) = 1$。为了估计方差结构变化点，Bai 构造了如下统计量：

$$\hat{k} = \underset{1 \leq k \leq T-1}{\operatorname{argmin}} U_{NT}(k) \tag{2.3.4}$$

其中，$U_{NT}(k) = k \sum_{i=1}^{N} \log \hat{\sigma}_{i1}^2(k) + (T - k) \sum_{i=1}^{N} \log \hat{\sigma}_{i2}^2(k)$ 为基于伪极大似然估计 (quasi - maximum likelihood) 方法的目标函数，$\hat{\sigma}_{i1}^2(k) = \frac{1}{k} \sum_{t=1}^{k} (Y_{it} - \bar{Y}_{i1})^2$，$\hat{\sigma}_{i2}^2(k) = \frac{1}{T-k} \sum_{t=k+1}^{T} (Y_{it} - \bar{Y}_{i2})^2$。$\lim_{N \to \infty} \sum_{i=1}^{N} f(\sigma_{i1}^2 / \sigma_{i2}^2) = \infty$ 为一致性条件。

2.3.2 异质结构变化

Joseph et al.(1993) 较早地考虑了面板数据模型的异期随机突变点。面板数据异期结构变化点主要是将时间序列结构变化点的检验方法直接扩展到面板数据模型中，一般是直接采用时间序列结构变化点的估计方法去估计面板数据中各横截面个体的突变点。Costantini et al.(2007) 基于递归 ADF 检验统计量的联合概率构造异质非平稳面板数据模型的结构变化检验统计量；运用时间序列模型中参数估计的 t 统计量最大值构造结构变化点的检验统计量，并将之直接运用到面板数据模型中（Kapetanios，2005；Westerlund，2006a）；而Carrion-i-Silvestre et al.(2005)、Bai et al.(2009)、Westerlund（2006b）、王维国等（2013）均采用了 Bai et al.(1998，2003）提出的 SSR 统计量用于结构变化点的检验。

面板数据模型中检验异质结构变化点的 SSR 统计量构造为

$$\hat{T}_b^i = \text{argmin}SSR(T_b^i) \tag{2.3.5}$$

其中，$SSR(T_b^i) = \sum_{t=1}^{k}(Y_{it} - \bar{Y}_{i1})^2 + \sum_{t=k+1}^{T}(Y_{it} - \bar{Y}_{i2})^2$ 为基于 OLS 方法的残差平方和，T_b^i 为第 i 个横截面个体的结构变化点。

当然，当截面之间存在相关性时，异质结构变化点是否会因相关区域的变化而发生改变，值得后续深入研究。

2.4 门限效应检验

2.3 小节对面板数据时点上的结构变化进行了简单的说明，结构变化的出现使得传统线性模型估计结果发生改变，影响了面板数据模型的应用。除了时点上的结构变化以外，还有门限值带来的区制影响。Hansen（2000a，2000b）在 Andrews（1993）对系数不稳定性进行研究的基础上对门限值诊断进行了深入研究。Hansen et al.(2002) 进一步基于误差模型研究了门限协整问题，提出了 SupLM 系列检验统计量。田铮（2009）针对门限协整检验提出了 SupWald 系列检验统计量。Lee et al.(2011) 针对门限回归模型提出了 SupLR 系列检验统计量。对于面板门限效应的研究，国内的研究均以实证研究为主，使用面板门限回归模型来说明变量的溢出效应或分段影响（张宇，2008；俞毅，2010；肖尧 等，2016）。

2.4.1 门限效应模型

面板门限模型一般设定为

$$y_{it} = \mu_i + \varphi_1 I(\gamma_{it} < \gamma_k)x_{it} + \varphi_2 I(\gamma_{it} > \gamma_k)x_{it} + u_{it} \tag{2.4.1}$$

其中，$i = 1, 2, \cdots, N$，$t = 1, 2, \cdots, T$，$\beta_1 \neq \beta_2$，γ_k 为门限值，k 为对应的门限点，γ_{it} 为门限参数，可以是模型内的变量 x_{it}，也可以是外在的控制变量。

u_{it}为0 均值、无序列相关、无异方差的随机扰动项。φ_1 和 φ_2 分别表示待估系数，表明不同门限值情形下 x_{it} 对 y_{it} 的影响差异。当 $I(\gamma_{it} < \gamma_k)$ 成立时，斜率系数为 φ_1，反之当 $I(\gamma_{it} > \gamma_k)$ 成立时，斜率系数为 φ_2。当门限个数增加，模型为

$$y_{it} = \mu_i + \varphi_1 I(\gamma_{it} < \gamma_{1k}) x_{it} + \varphi_2 I(\gamma_{1k} < \gamma_{it} < \gamma_{2k}) x_{it} + \varphi_3 I(\gamma_{it} > \gamma_{2k}) x_{it} + u_{it} \tag{2.4.2}$$

其中，$I(\cdot)$ 为示性函数，当（）内条件满足时取值为 1，否则取值为 0。

考虑到个体效应的影响，Seo et al.(2016) 采用门限模型的差分形式进行建模。模型为

$$\Delta y_{it} = \beta' \Delta x_{it} + \delta' X_{it}' I_{it}(\gamma_k) + \Delta \varepsilon_{it} \tag{2.4.3}$$

其中，$X_{it} = \begin{pmatrix} (1,\ x_{it}') \\ (1,\ x_{i,\ t-1}') \end{pmatrix}$，$I_{it}(\gamma) = \begin{pmatrix} I(\gamma_{it} < \gamma_k) \\ -I(\gamma_{it} > \gamma_k) \end{pmatrix}$。$\varepsilon_{it} = \alpha_i + v_{it}$，$v_{it}$ 为 0 均值、无序列相关、无异方差的随机扰动项，且与 x_{it}、γ_{it} 无关。

门限效应检验的原假设为 $\delta = 0$，备择假设为 $\delta \neq 0$。当原假设成立时模型为线性模型，没有门限效应；当原假设不成立时模型为门限效应模型。

构造的检验统计量为

$$\sup W = \sup W_n(\gamma_k)$$

其中，$W_n(\gamma_k)$ 为每一个固定 γ_k 值对应的标准 Wald 统计量。

2.4.2 循序门限效应检验

考虑到 Seo et al.(2016) 检验统计量计算的复杂性，这里将借用 Bai (2010) 研究中的结构变化点检验、约束性 F 检验方法、陈海燕等 (2009) 基于 ADF 统计量提出的面板数据共同突变点的循序检验方法来构造门限效应检验。结构变化刻画的是依赖时点的数据关系发生了改变，门限效应刻画的是依赖数值趋势的数据关系发生了改变。如果将数据按数值趋势从小到大进行排序，并按序赋以类似时点的标记，那么从数据结构上看门限效应与时点结构效应是一致的，两者唯一的差别是打乱了时间序列数据本有的惯性与自相关影响。在假设随机扰动项不存在序列自相关的前提下，对数值排序以后再检验能作为门限效应检验方法。当然，若随机扰动项存在序列自相关，我们可以采用广义差分法或可行最小二乘估计法进行处理，将其转换为不存在序列自相关的情形。

由此，给出本部分研究的模型为

$$y_{it}=\begin{cases}\beta_1 x_{it}+e_{it}, & \gamma_{it}>\gamma_k\\ \beta_2 x_{it}+e_{it}, & \gamma_{it}\leqslant\gamma_k\end{cases} \tag{2.4.4}$$

其中，e_{it} 为白噪声过程。为了估计门限值点，构造统计量为

$$\hat{k}=\underset{\min(\gamma_{it})\leqslant\gamma_k\leqslant\max(\gamma_{it})}{\operatorname{argmin}} SSR(k) \tag{2.4.5}$$

其中，$SSR(k)=\sum_{i=1}^{N} S_{iT}(k)$，$S_{iT}(k)=\sum_{t=1}^{k}(e_{it}-\bar{e}_{i1})^2+\sum_{t=k+1}^{T}(e_{it}-\bar{e}_{i2})^2$ 为基于 OLS 方法的目标函数，$\bar{e}_{i1}=\frac{1}{k}\sum_{t=1}^{k}e_{it}$，$\bar{e}_{i2}=\frac{1}{T-k}\sum_{t=k+1}^{T}e_{it}$。

考虑到门限值序列 γ_{it} 一共有 $N\times T$ 个数据，此处借用组间估计原理构造门限值范围。

对 $\gamma=\begin{pmatrix}\gamma_{11} & \cdots & \gamma_{N1}\\ \vdots & \ddots & \vdots\\ \gamma_{1T} & \cdots & \gamma_{NT}\end{pmatrix}$，按时点取均值，得 $\bar{\gamma}=\begin{pmatrix}\bar{\gamma}_1\\ \vdots\\ \bar{\gamma}_T\end{pmatrix}$，$\bar{\gamma}_t=\sum_{i=1}^{N}\gamma_{it}$，$t=1$，2，3，…，$T$，对序列 $\bar{\gamma}$ 里的变量按数值从小到大排序，得 $\bar{\gamma}^*=[\min(\bar{\gamma}_t),\cdots,\max(\bar{\gamma}_t)]$，记为 $\bar{\gamma}^*=(\bar{\gamma}_{t_1}^*,\cdots,\bar{\gamma}_{t_T}^*)$，对应于原来时点 $t=1,2,3,\cdots,T$ 的新的时点记为 $(t_1,t_2,t_3,\cdots,t_T)$。将此排序方式扩展到变量 y_{it} 和 x_{it}，新得的序列分别记为 y_{it}^*，x_{it}^*，对 $y_{it}^*=\beta_1 x_{it}^*+e_{it}$ 进行回归得残差值序列。

检验时采取陈海燕等（2009）的循序检验思想。检验步骤如下：

（1）设定样本期内门限值范围为 $\gamma_k\in[\bar{\gamma}_{t_1}^*,\cdots,\bar{\gamma}_{t_T}^*]$，对应的新时点为 $k=t_3,\cdots,t_T-2$，对模型残差值在不同的样本期 $t^{(all)}=(t_1,t_2,\cdots,t_T)$，$t^{(1)}=(t_1,t_2,\cdots,t_k)$，$t^{(2)}=(t_k,t_{k+1},\cdots,t_T)$ 进行求值，取其残差值分别记为 $e_{it}^{(\text{all})}$，$e_{it}^{(1)}$，$e_{it}^{(2)}$。

（2）计算 $S_{iT}(k)=\sum_{t=t_1}^{t_k}(e_{it}^{(all)}-\bar{e}_{it}^{(1)})^2+\sum_{t=t_k+1}^{t_T}(e_{it}^{(all)}-\bar{e}_{it}^{(2)})^2$，其中，$\bar{e}_{i1}^{(1)}=\frac{1}{k}\sum_{t=t_1}^{t_k}e_{it}^{(1)}$，$\bar{e}_{i2}^{(2)}=\frac{1}{T-k}\sum_{t=t_{k+1}}^{t_T}e_{it}^{(2)}$。

（3）确认 $\hat{k}=\underset{\min(\gamma_{it})\leqslant\gamma_k\leqslant\max(\gamma_{it})}{\operatorname{argmin}} SSR(k)$，其中，$SSR(k)=\sum_{i=1}^{N}S_{iT}(k)$，最后根据 $\hat{k}$ 取值确定门限值 γ_k。

采用该步骤进行面板门限效应的检验，被称为循序门限效应检验法。此方法仅能分析同质的无个体固定效应的面板数据模型门限值，且要求随机扰动项为白噪声过程。本书后续还将给出该检验的模拟仿真情况。

若模型含有个体固定效应，为

$$y_{it}=\begin{cases}\mu_i+\beta_1x_{it}+e_{it},\ \gamma_{it}>\gamma_k\\ \mu_i+\beta_2x_{it}+e_{it},\ \gamma_{it}\leqslant\gamma_k\end{cases}\tag{2.4.6}$$

我们可以采取去均值（demean）的方式将个体固定效应去除，然后再使用循序门限效应检验法。

另外，我们可以将模型（2.4.4）扩展到多门限模型予以研究，比如

$$y_{it}=\begin{cases}\beta_1x_{it}+e_{it},\ \gamma_{it}<\gamma_{1k}\\ \beta_2x_{it}+e_{it},\ \gamma_{1k}\leqslant\gamma_{it}<\gamma_{2k}\\ \beta_3x_{it}+e_{it},\ \gamma_{2k}\leqslant\gamma_{it}\end{cases}\tag{2.4.7}$$

在上述检验方法中增加检验式和门限值循序次数即可。

2.4.3 门限效应实证分析

为了说明上述循序门限效应检验方法的可行性，我们采用中国30个省（自治区、直辖市）1995—2015年的地区生产总值为被解释变量，外商直接投资（FDI）为解释变量，分析其门限影响关系，使用居民消费物价指数来消除物价影响。

考虑的模型形式为带常数项和不带常数项两类，有

$$y_{it}=x_{it}'\beta_i+z_{it},\ y_{it}=\mu_i+x_{it}'\beta_i+z_{it}\tag{2.4.8}$$

虽然根据截面相关CD检验可知模型存在截面相关，但是此处重在研究循序门限检验方法的可行性、可操作性，对检验结论不做深入探讨，所以仅考虑残差项是否存在门限值，其他情况暂不纳入研究范围。门限值序列 γ_{it} 就为解释变量 x_{it}。

根据2.4.2给出的循序检验步骤，可以得到门限值检验结果，如图2.2所示。图2.2显示最小门限值点出现时有带常数项的 $SSR(11)=46.47$，不带常数项的 $SSR(12)=50.44$，取 $k=11$ 为门限值点，此时FDI值为4 469.18亿元。图2.3给出了FDI原始数据序列与门限值之间的对比。北京、江苏、广东、上海、浙江等省（市）FDI投入额度较大，对经济增长的影响显著，特别是在FDI大于门限值时，影响关系发生了重大改变。大部分省（自治区、直辖市）吸引的FDI不足，对经济增长的影响有限。由此，我们可以发现这里构建的模型（2.4.8）其实并不能完全刻画FDI对地区生产总值的影响效应，因为部分省（自治区、直辖市）的影响系数是远远大于其他省（自治区、直辖市）的。因此，此处采用变系数面板数据模型更佳。需要指出的是，这里仅展示了循序检验的可行性，并不深入探究经济关系及经济问题。

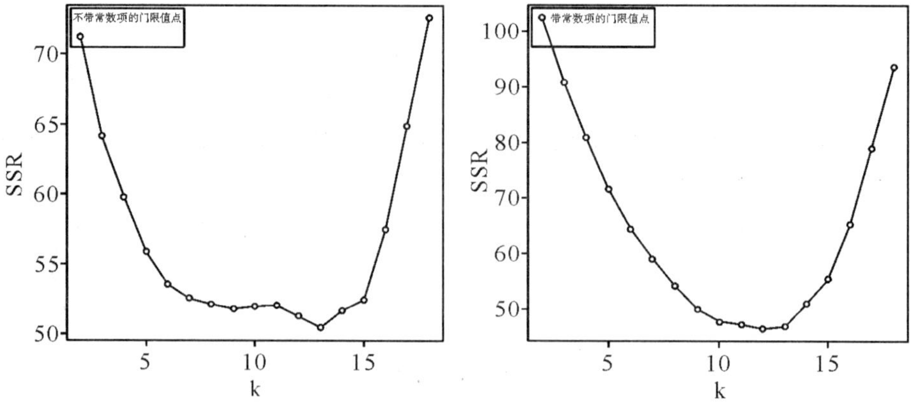

图 2.2 循序门限检验结果

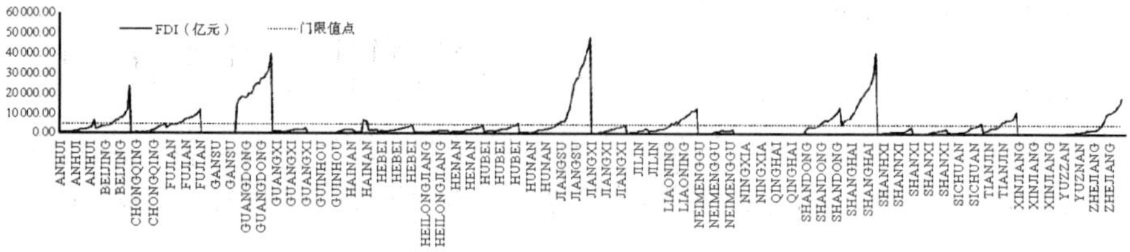

图 2.3 FDI 与门限值点的关系

通过此简略的实证分析，说明 2.4.2 提出的循序门限效应检验有助于门限值的确认，也有助于发现经济变量之间的深层次关系。

2.5 截面相关与结构变化的交互效应分析

在非平稳面板数据模型构建过程中，已有诸多研究针对同时存在结构变化和截面相关情形的非平稳面板数据模型进行了研究（Westerlund et al.，2008；王维国 等，2013；Bai et al.，2009；Banerjee et al. 2015；等等）。在处理结构变化和截面相关时，研究者往往是将此两种情形分别进行检验和处理，均未考虑两者之间的交互影响效应。当假设面板数据截面独立时，单个个体结构变化不受其他截面变化的影响，此时与传统的单一时间序列结构变化类似；但是当面板数据存在截面相关时，每个截面个体的结构变化可能会因为其他截面的变化而发生改变。那么，截面相关的存在是否会改变横截面个体的结构变化？是否会引起结构变化点的发生时间？结构变化的存在是否会影响截面相关的因子结构？下面，本书通过实证研究来分析结构变化和截面相关之间的交互效应①。

2.5.1 数据说明

外商直接投资与经济增长之间的关系历来受到研究者们的关注，面板数据模型是研究者们常用的分析工具之一。正如绪论所述，理论方法研究的深入使得面板数据独特的数据结构越多地影响着实证分析结论。鉴于经济增长与外商直接投资关系研究的广泛性和实用性，这里采用与2.4小节一样的经济增长与外商直接投资数据作为样本数据，分析共同因子与结构变化的交互影响关系。考虑到物价和计量单位的影响，在计算时采用变量的对数形式，地区生产总值记为 $\mathrm{l}GDP_{it}$，外商直接投资记为 $\mathrm{l}FDI_{it}$。

首先，我们采用 Pesaran（2004）提出的截面相关 CD 检验统计量进行相关结构判断，考虑的模型形式为

$$y_{it} = \mu_i + x_{it}'\beta_i + z_{it} \tag{2.5.1}$$

其中，地区生产总值为被解释变量，外商直接投资为解释变量。原假设为不存在截面相关，检验统计量 $CD = 81.9235$，概率 $p - value = 0.00$，检验结果说明模型存在截面相关。我们再用 Pesaran（2007）提出的适宜截面相关的面板单位根检验方法，原假设为存在单位根，检验形式为带趋势项和常数项，检验结果为 $CIPS_{\log(FDI)} = -1.43$，当显著性水平选定为0.05时，$\mathrm{l}GDP_{it}$ 和 $\mathrm{l}FDI_{it}$ 均存在单位根，属于非平稳面板数据②。

2.5.2 模型设定与假设

借鉴 Banerjee et al.(2015)、Westerlund et al.(2008)、王维国等（2013）所使用的面板数据模型形式，假设有

$$\begin{aligned} y_{it} &= \mu_i + D_{it} + x_{it}'\beta_i + \varepsilon_{it} \\ \varepsilon_{it} &= \lambda_i' F_t + \nu_{it} \end{aligned} \tag{2.5.2}$$

其中，x_{it} 和 y_{it} 分别为解释变量和被解释变量，μ_i 为个体常数项，F_t 为共同因子，λ_i 为因子权重值。$DU_{k_0} = \begin{cases} 0, & t \leqslant t_{k0} \\ 1, & t > t_{k0} \end{cases}$ 表示均值结构变化，$DT_{k_0} = \begin{cases} 0, & t \leqslant t_{k0} \\ t - t_{k0}, & t > t_{k0} \end{cases}$ 表示方差结构变化，$D_{it} = \theta_i DU_{k_0} + \sigma_i DT_{k_0}$ 表示结构变化函数，

---

① 此部分重在研究非平稳面板数据模型检验过程中涉及的截面相关、结构变化及其交互效应，而对面板单位根检验和协整检验不做主要分析，其结论将在后续研究中呈现。

② 检验结果来自 R 语言命令 cipstest，并对带趋势项或带常数项等情形分别进行了检验处理。

ν_{it} 为平稳过程，且 $E(\nu_{it}) = 0$。

为了分析共同因子与结构变化之间的交互效应影响，假设原假设为 H_0：$\theta_i = 0$，$\sigma_i = 0$。备择假设为 H_1：$\theta_i \neq 0$ 或 $\sigma_i \neq 0$。模型调整为

$$\begin{aligned} y_{it} &= \mu_i + x_{it}'\beta_i + z_{it} \\ z_{it} &= D_{it} + \lambda_i' F_t + \nu_{it} \end{aligned} \tag{2.5.3}$$

若原假设不成立，说明回归残差 z_{it} 存在均值或方差结构变化，反之，若不存在均值或方差结构变化，说明原假设成立。在原假设成立的情况下，首先采用 Bai et al.(2004) 的方法计算共同因子，并对去掉因子影响的残差 v_{it} 进行截面相关检验，检验统计量 $CD = -1.8964$，概率 $p-value = 0.97$，表明不存在截面相关，这说明模型中 $\lambda_i' F_t$ 项是存在的。

2.5.3 结构变化检验

采用 Bai et al.(1998, 2003) 和 Bai (2010) 提出的方法检验结构变化，并对去共同因子的序列和带共同因子的序列分别进行检验以说明共同因子对结构变化的影响，计算结果见图 2.4。其中 $T = 21$，$N = 30$，设置结构变点 $k_0 = floor[\tau \times T]$，$\tau \in [0.1, 0.15, \cdots, 0.85, 0.9]$，有 17 个结构变点。图 2.4 上方为原始数据 lGDP 和 lFDI 的分析图，SSR 取值满足一致性条件且有最小值，说明两者均存在均值和方差结构变化。

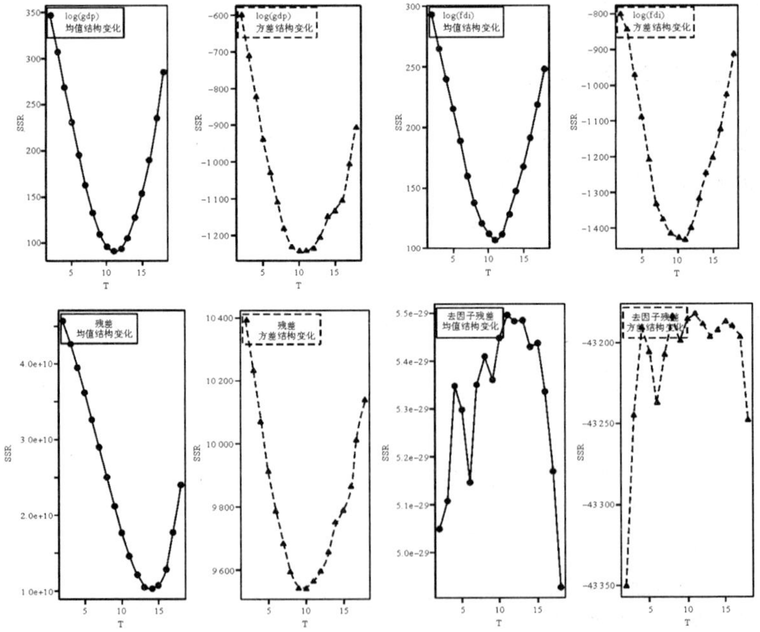

图 2.4 面板数据结构变化检验

在原假设成立的情况下，图 2.4 左下为按照调整模型计算而得的残差结构变化分析图，结果显示残差 v_{it} 存在均值和方差结构变化点，即其数据生成方式为 $z_{it}=D_{it}+\lambda_i^{'}F_t+v_{it}$。但是图 2.4 右下为去掉共同因子以后的残差结构变化分析图，均值结构变化的 SSR 取值范围为 $4.93\times10^{-29}\sim5.49\times10^{-29}$，方差结构变化的 SSR 取值范围为 $-43\ 350\sim-43\ 182$，不满足结构变化一致性条件，结果显示不存在均值和方差结构变化，说明 $z_{it}-\lambda_i^{'}F_t\neq D_{it}+v_{it}$。$z_{it}$ 有均值和方差结构变化；其去掉共同因子后没有结构变化，前后检验的结果发生了矛盾，这说明模型结构的设定出现了问题，模型形式与数据结构不符合，有可能是共同因子的存在改变了截面个体的结构变化状态，这正是本部分质疑且尚待检验的问题。

2.5.4 交互效应

我们进一步对共同因子结构进行结构变化检验，结果见图 2.5。

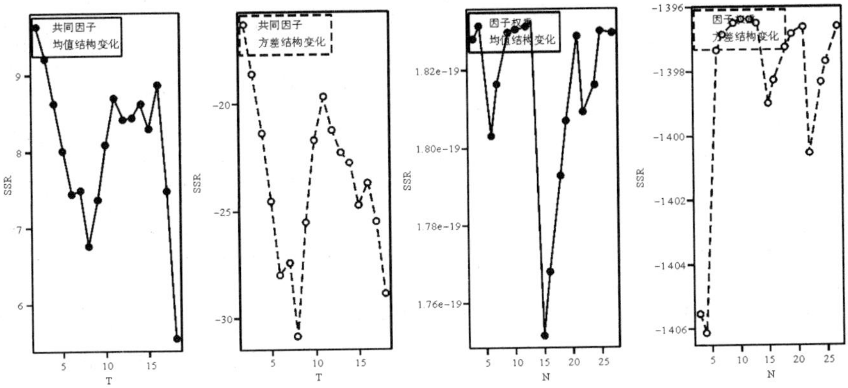

图 2.5　因子结构变化检验

因子权重 λ_i 是横截面数据，样本量为 $N=30$，其数据结构变化体现为地域异质性，在这里不作考虑。尽管如此，图 2.5 仍然给出了因子权重序列的 SSR 值，且图形显示存在多个极小值，这说明所选 30 个省（自治区、直辖市）权重值差异较大，存在多种类型。对于共同因子序列 F_t，当 $k_0=18$，即 2012 年时，均值结构检验的 SSR 值达到最小，说明共同因子 F_t 存在均值结构变化，同时，在 $k_0=8$，即 2002 年时，均值结构检验的 SSR 值有极小值，这与方差结构检验一致。由此，我们可以认为共同因子序列 F_t 存在均值和方差结构变化。这说明模型（2.5.2）中的结构变化并不是独立存在的结构变化，而是由共同因子结构变化体现出来的。这表明本书所陈述的截面相关与结构变化之间的交互效应确实存在，而且正影响着非平稳面板数据传统建模基本范式的使用。

2.5.5 结果说明

表2.4给出了结构变化的具体时点。经过实证分析，我们得出了有别于常规应用模型设定的结论，分析如下：首先，中国地区生产总值增长率在2004—2005年发生了较为明显的结构变化，这是由于1995—2005年、2006—2015年两个时间段内区域经济增长模式、经济结构均发生了较大的改变。区域FDI增长率在2005年发生了较为突出的结构变化，这与2005年中国汇率制度改革、外贸政策调整是分不开的。模型回归残差分别在2004年和2008年表现出均值和方差结构变化，说明对地区生产总值增长率产生影响的其他因素在这期间也有不同程度的结构改变。

表2.4 结构变化时点说明①

变量	均值结构变化			方差结构变化		
	k_0	SSR	年份	k_0	SSR	年份
$\mathrm{l}GDP_{it}$	11	90.68	2005	10	−1 246.55	2004
$\mathrm{l}FDI_{it}$	11	106.60	2005	11	−1 434.29	2005
z_{it}	14	1.05×10^{10}	2008	10	9 508.23	2004
F_t	8	6.76	2002*	8	−30.899	2002

其次，影响GDP和FDI结构变化的主要因素是2002年的共同因子，与其他误差项关系不显著。2002年是我国加入世界贸易组织（WTO）的第一年，各省（自治区、直辖市）面临的对外贸易国际环境发生了巨大改变，全国采取了一系列有效举措促进国际贸易全面发展，以拉动国民经济快速增长。这些来自全国的经济结构调整和战略部署形成了影响30个省（自治区、直辖市）的共同因子，而权重系数的区间异质则表明不同省（自治区、直辖市）之间的实施力度是有差异的。

最后，对中国30个省（自治区、直辖市）1995—2015年的地区生产总值和外商直接投资建立如前设计的模型是不恰当的。在研究地区生产总值与外商直接投资的协同关系时，若以回归残差的结构变化作为协同关系的结构变化是

① 第10个结构变化点表示$\tau=0.55$，时间总长度T为21年，故$k_0=11$，对应的年份为2005年。

有误的，因为两者协同关系的结构变化主要来源于共同驱动因素，而不是其他误差因素。因此，更适宜的模型形式应当为

$$y_{it} = \mu_i + x_{it}'\beta_i + z_{it}, \quad z_{it} = \lambda_i'F_t + v_{it}, \quad \lambda_i'F_t = D_{it} + CF_t + \eta_{it} \tag{2.5.4}$$

2.5.6 小结

根据以上分析，我们可以得到以下结论：

第一，我们对非平稳面板数据建模基本范式的使用过程提出质疑，认为面板数据基本结构分析是所有模型构建和参数估计的根本，不适宜的模型搭建将给出不恰当的分析结论。

第二，在分析总结结构变化和截面相关已有研究文献的同时，我们梳理了文献中主要的分析方法和检验逻辑，发现在已有研究文献中对截面相关和结构变化采取分别处理的方式进行建模研究，忽视了两者之间的交互效应影响。

第三，我们结合中国30个省（自治区、直辖市）的真实数据提出了假设模型，给出了分析结构变化和截面相关交互效应的假设条件，运用已有方法进行了观点论证。结果表明，我们对基本范式的部分质疑成立，认为在实证模型构筑之前应当进行数据基本结构检验，以最适宜的模型形式贴近数据真实生成过程。

第四，非平稳面板数据模型要区分结构变化的来源因素，特别是由共同因子结构带来的结构变化，否则将导致非平稳面板数据模型中传统结构变化处理方法失效。其实，Yamamoto et al.(2015）已经对共同因子载荷系数的结构变化进行了研究，这说明在非平稳面板数据模型建模过程中对结构变化的处理需要加以深入分析和区分。

2.6 交互效应检验

在对实际经济问题研究时，面板数据模型中存在的异质性、异方差、序列相关、截面相关、结构变化等问题可能会同时出现，形成相互干扰的情形。比如 Baltagi et al.(2003）考虑了空间相关和随机效应的面板数据模型；Holly et al.(2000）考虑了随机效应和存在异方差的面板数据模型；Breitung（2016）对固定效应模型的序列相关进行了检验研究；Baltagi et al.(2009）对 Holly et al.(2000）的 LM 检验进行了扩展研究，同时考虑了异方差和空间相关的交互影响情况，并提出了联合 LM 检验和条件 LM 检验；Baltagi et al.(2010）考虑了随机效应面板数据模型中异方差和序列自相关都同时存在的情况。关于面板数据模型中异方差

类型的分析和说明参见陈海燕（2012）的研究。2.1 小节将面板数据模型可能存在交互效应分为串行式和并行式，2.6.1 小节和 2.6.2 小节主要说明并行效应的联合检验，2.6.3 小节主要说明串行效应的联合检验。

2.6.1 异方差和空间相关的联合检验

Baltagi et al.(2009) 考虑的模型形式为

$$
\begin{aligned}
y_{it} &= X_{it}'\beta + u_{it} \\
u_{it} &= \mu_i + \varepsilon_{it} \\
\varepsilon_{it} &= \lambda W \varepsilon_t + v_{it}
\end{aligned}
\tag{2.6.1}
$$

其中，u_{it} 是回归的随机扰动项，参照 Anselin（1988）的假设，u_{it} 可以表示为向量的形式，比如 $u_t = \mu + \varepsilon_t$。其中，$\mu' = (u_{t1}, \cdots, u_{1N})$，$\varepsilon_t' = (\varepsilon_{t1}, \cdots, \varepsilon_{tN})$，$\mu' = (\mu_1, \cdots, \mu_N)$，且 μ' 服从独立同正态分布，有

$$\mu_i \sim N(0, \sigma_{\mu i}^2), \ \sigma_{\mu i}^2 = \sigma_{\mu}^2 h(f_i'\theta)$$

其中，$h(\cdot)$ 为二次连续可微函数，满足 $h(\cdot) > 0$，$h(0) = 1$，$h'(0) \neq 0$。f_i 为 $(p \times 1)$ 维决定个体异质效应的严格外生向量，θ 为 $(p \times 1)$ 维参数向量，λ 为空间自回归系数，满足 $|\lambda| < 1$。W 为对角线元素为 0 的 $N \times N$ 维空间权重矩阵。对所有的权重系数 $|\lambda| < 1$，矩阵 $(I_N - \lambda W)$ 为非退化的。

在进行无异方差和无空间相关性的检验时，我们主要采取了联合 LM 检验（joint LM test）和条件 LM 检验（conditional LM test）原理。联合 LM 检验的原假设为

$$H_0^a: \theta_1 = \cdots = \theta_p = 0, \ \lambda = 0 \mid \sigma_{\mu}^2 > 0, \ \sigma_v^2 > 0 \tag{2.6.2}$$

正态分布条件下，构建的对数似然函数（Log-likelihood function）为

$$L(\beta, \varphi) = \text{constant} - \frac{1}{2}\log|\Omega| - \frac{1}{2}u'\Omega^{-1}u \tag{2.6.3}$$

其中，$\varphi' = (\sigma_v^2, \sigma_{\mu}^2, \lambda, \theta_1, \cdots, \theta_p)$。

检验统计量为 LM 检验统计量，服从的是卡方分布，自由度为 $p+1$。联合检验是对异方差和空间相关的综合检验，如果原假设被拒绝，就意味着模型存在异方差或者空间相关。为了能更明确地分析异方差和空间相关，我们继续给出了条件 LM 检验。

第一个条件 LM 检验是检验空间相关性是否存在，原假设为在至少有一个 $\theta_j (j = 1, \cdots, p)$ 不为 0 的条件下，有 H_0^b：$\lambda = 0$。第二个条件 LM 检验是检验异方差是否存在，原假设为：在 λ 不为 0 的条件下，有 H_0^c：$\theta = 0$。检验统计量分别为 $LM_{\lambda|\theta}$ 和 $LM_{\theta|\lambda}$，在各自原假设成立的条件下，LM 检验统计量的极

限分布为χ_p^2，并通过模拟研究表明统计量的小样本性质表现良好。

2.6.2 异方差和序列自相关的联合检验

Baltagi et al.(1995) 研究了随机效应面板数据模型序列一阶自相关的拉格朗日乘数检验，Holly et al.(2000) 研究了随机效应面板数据模型异方差的拉格朗日乘数检验，而 Baltagi et al.(2010) 在上面两篇研究成果的基础上对随机效应面板数据模型同时存在异方差和序列自相关的情形进行了检验，构造的都是基于对数似然函数的拉格朗日乘数检验统计量，研究的模型形式为

$$\begin{aligned} y_{it} &= x_{it}'\beta + u_{it} \\ u_{it} &= \mu_i + v_{it} \end{aligned} \tag{2.6.4}$$

其中，μ_i 和 v_{it} 相互独立；正如 Holly et al.（2000）的假定，设 $\mathrm{var}(\mu_i) = h(z_i'\alpha)$，$\alpha$ 为 p 维参数向量，$h(\alpha_1) = \sigma_\mu^2$，当 $\alpha_2 = \cdots = \alpha_p = 0$ 时，模型不存在异方差，而是存在同方差的；如 Baltagi et al.(1995) 的假定，设定 $v_{it} = \rho v_{i,\ t-1} + \varepsilon_{it}$，其中 $|\rho| < 1$，$\varepsilon_i \sim N(0,\ \sigma_{\varepsilon i}^2)$。

对异方差和序列相关进行联合检验的原假设为 H_0^a：$\alpha_2 = \cdots = \alpha_p = 0$，$\rho = 0$，当原假设成立时，表明模型是同方差无序列相关的。联合拉格朗日乘数检验统计量为原文①中的公式（12）LM_α；渐近极限分布为χ_p^2。当 α 不为 0 时，这时的原假设为 H_0^b：$\rho = 0$，表示对模型的异方差进行检验，构建的是条件拉格朗日乘数检验统计量。在 $\sigma_\mu^2 > 0$，$\rho \neq 0$ 时，这时的原假设为 H_0^c：$\alpha_2 = \cdots = \alpha_p = 0$，表示对模型的序列相关进行检验，构建的仍然是条件 LM 检验统计量。条件 LM 检验统计量的渐近极限分布均为χ_{p-1}^2。

2.6.3 结构变化和共同因子的联合检验

2.5 小节说明了非平稳面板数据模型中因截面共同因子的作用，结构变化时点并不一定是在传统认为的序列上发生，而有可能是共同因子发生了结构变化的情况。那么在实证研究中，如何根据实际数据进行模型形式选择呢？已有的约束性 F 检验和联合 LM 检验均适用于并行的数据结构，但是对于串行的数据结构却无法进行检验。

我们一般将带结构变化和共同因子的面板数据模型设为

$$y_{it} = x_{it}'\beta_i + \gamma_i D_{it} + u_{it},\quad u_{it} = \lambda_i' F_t + v_{it} \tag{2.6.5}$$

---

① BALTAGI B H, JUNG B C, SONG S H. Testing for heteroskedasticity and serial correlation in a random effects panel data model [J]. Journal of Econometrics, 2010, 154 (2): 122-124.

其中，$\lambda_i'F_t$ 表示共同因子项，F_t 为共同因子，λ_i 为载荷系数，$\gamma_i D_{it}$ 表示结构变化项，D_{it} 表示结构变化的类型，比如均值变化、方差变化等。当 $\lambda_i \neq 0$ 时，模型（2.6.5）存在共同因子；当 $\gamma_i \neq 0$ 时，模型（2.6.5）存在结构变化。根据研究对影响效应的分析，我们可以构造联合 LM 和边际 LM 统计量对多种影响效应进行检验，同时考虑两种效应为联合效应，在给定一种效应的条件下反考虑另一种效应为边际效应。模型（2.6.5）联合效应的原假设为 H_0^a：$\lambda_i = 0$，$\gamma_i = 0$，当原假设成立时模型中没有共同因子也没有结构变化；边际效应的原假设为条件假设 H_0^b：$\gamma_i = 0 \mid \lambda_i \neq 0$ 和 H_0^c：$\lambda_i = 0 \mid \gamma_i \neq 0$，当原假设成立时分别表示只存在共同因子或结构变化。

借鉴通信信号里的信息结构，模型（2.6.5）中的影响效应可以定义为并行形式，表示加入或去除某一种效应并不会改变另一种效应的存在，比如 Baltagi et al.(2010) 考虑的异方差和序列相关影响，Breitung（2016）分析的序列相关和固定效应影响等。信息结构还有一种串行形式，主要表现为多种效应的串联、递进关系，表示某一种效应制约着另一种效应的存在。模型（2.6.5）为带结构变化和共同因子并行效应的面板数据模型，其原假设分别代表了联合和条件并行情形，那么串行效应下的面板数据模型①为

$$y_{it} = x_{it}'\beta_i + u_{it},\ u_{it} = \lambda_i'F_t + v_{it},\ \lambda_i'F_t = \gamma_i D_{it} + \varepsilon_{it} \quad (2.6.6)$$

当 $\lambda_i \neq 0$ 成立时，模型（2.6.6）存在共同因子；当 $\lambda_i \neq 0$，$\gamma_i \neq 0$ 成立时，共同因子项发生结构变化。$\lambda_i = 0$ 成立意味着 $\gamma_i = 0$，这与 H_0^a 不同，且不存在并行结构下的原假设 H_0^c：$\lambda_i = 0 \mid \gamma_i \neq 0$。当 H_0^b：$\gamma_i = 0 \mid \lambda_i \neq 0$ 成立时，说明模型的共同因子项没有发生结构变化。

将串行效应按照并行效应进行处理，将导致模型不可用。假设数据之间存在共同因子项发生结构变化的串行效应，则有

$$\lambda_i'F_t = \gamma_i^* D_{it} + \varepsilon_{it}$$

可以写成

$$\lambda_i'F_t - \gamma_i^* D_{it} + \varepsilon_{it} = 0 \quad (2.6.7)$$

若按照并行效应模型（2.6.5）进行处理，设

$$y_{it} = x_{it}'\beta_i + \gamma_i D_{it} + \lambda_i'F_t + v_{it} \quad (2.6.8)$$

此时，对于变量 $\{y_{it}\}$，共同因子 F_t 和结构变化 D_{it} 均可以看成自变量，γ_i 和 λ_i 为待估系数，则模型（2.6.7）表明模型（2.6.8）中自变量存在近似共线性。

---

① 此处仅是为了对应模型（2.6.5），直观地给出了模型（2.6.6）的形式，串行效应面板协整模型具体形式见 4.3 小节内容。结构变化有可能发生于共同因子 F_t 或载荷系数 λ_i。

从违背经典假设的计量经济学理论可知，近似共线性将导致参数估计量非有效、经济含义不合理等后果。这说明，忽略串行效应而采用并行效应的方式处理结构变化与共同因子，会导致近似共线性的情况发生，致使参数估计无效、模型解释不合理。

为了区分结构变化与共同因子的并行效应和串行效应，我们在模型（2.6.5）和模型（2.6.6）的基础上提出一般性的单变量面板数据串行效应模型：

$$
\begin{aligned}
u_{it} &= \alpha_i^{(u)} D_{it}^{(u)} + CF_{it} + v_{it} \\
CF_{it} &= \alpha_i^{(CF)} D_{it}^{(CF)} + \eta_{it}
\end{aligned}
\tag{2.6.9}
$$

其中，v_{it} 和 η_{it} 表示随机扰动项。CF_{it} 表示截面之间的共同因子项，一般在文献中记为 $\lambda_i' F_t$ 。$D_{it}^{(u)}$ 表示序列 u_{it} 的结构变化，$D_{it}^{(CF)}$ 表示共同因子的结构变化，$\alpha_i^{(u)}$ 和 $\alpha_i^{(CF)}$ 分别为结构变化系数。

为了进一步讨论串行效应的检验思路，我们设置两个假设，分别为

$H_0^{(1)}$：$\alpha_i^{(CF)} = 0 | \alpha_i^{(u)} = 0$，备择假设为 $H_1^{(1)}$：$\alpha_i^{(CF)} \neq 0 | \alpha_i^{(u)} = 0$。若原假设成立，说明序列 u_{it} 不存在结构变化；若备择假设成立，说明序列 u_{it} 存在结构变化，且此变化是由共同因子结构变化引起的，属于串行效应。

$H_0^{(2)}$：$\alpha_i^{(CF)} = 0 | \alpha_i^{(u)} \neq 0$，备择假设为 $H_1^{(2)}$：$\alpha_i^{(CF)} \neq 0 | \alpha_i^{(u)} \neq 0$。若假设成立，说明序列 u_{it} 存在结构变化，且此变化与共同因子结构变化无关，表示各截面独立的结构变化特征，属于并行效应；若备择假设成立，说明序列 u_{it} 存在结构变化，且此变化只部分与共同因子结构变化有关，属于各截面既有独立又有共同的结构变化特征。

串行效应存在性检验的步骤如下：

（1）采用 CD 统计量对序列 u_{it} 进行截面相关检验，其中

$$
\begin{aligned}
CD &= \sqrt{2T/N(N-1)} \sum_{i=1}^{N-1} \sum_{j=i+1}^{N} \hat{\rho}_{ij} \\
\hat{\rho}_{ij} = \hat{\rho}_{ji} &= \sum\nolimits_{t=1}^{T} u_{it} u_{jt} \Big/ \sqrt{\left(\sum\nolimits_{t=1}^{T} u_{it}^2\right)\left(\sum\nolimits_{t=1}^{T} u_{it}^2\right)}
\end{aligned}
\tag{2.6.10}
$$

（2）采用主成分方法对存在截面相关的数据 u_{it} 进行共同因子分解。将共同因子项记为 CF_{it} ，退因子后的序列记为 u_{it}^{de} 。

（3）采用 Bai（2010）提出的 SSR 检验统计量分别对序列 u_{it} 、共同因子项 CF_{it} 、退因子序列 u_{it}^{de} 进行同质结构变化检验。均值结构变化的检验统计量为

$$
\hat{k}_{mean} = \underset{1 \leq k \leq T-1}{\operatorname{argmin}} SSR(k) \tag{2.6.11}
$$

其中，$SSR(k)=\sum_{i=1}^{N}S_{iT}(k)$ ，$S_{iT}(k)=\sum_{t=1}^{k}(Y_{it}-\bar{Y}_{i1})^2+\sum_{t=k+1}^{T}(Y_{it}-\bar{Y}_{i2})^2$ 为基于 OLS 方法的目标函数，$\bar{Y}_{i1}=\frac{1}{k}\sum_{t=1}^{k}Y_{it}$ ，$\bar{Y}_{i2}=\frac{1}{T-k}\sum_{t=k+1}^{T}Y_{it}$ 。方差结构变化的检验统计量为

$$\hat{k}_{\text{var}}=\underset{1\leqslant k\leqslant T-1}{\operatorname{argmin}}U_{NT}(k) \tag{2.6.12}$$

其中，$U_{NT}(k)=k\sum_{i=1}^{N}\log\hat{\sigma}_{i1}^2(k)+(T-k)\sum_{i=1}^{N}\log\hat{\sigma}_{i2}^2(k)$ 为基于伪极大似然方法的目标函数，$\hat{\sigma}_{i1}^2(k)=\frac{1}{k}\sum_{t=1}^{k}(Y_{it}-\bar{Y}_{i1})^2$，$\hat{\sigma}_{i2}^2(k)=\frac{1}{T-k}\sum_{t=k+1}^{T}(Y_{it}-\bar{Y}_{i2})^2$。

（4）最后，根据模型（2.6.7）中的结构变化检验结果，按照不同的假设给出判断。若序列 u_{it} 不存在结构变化，则接受假设 $H_0^{(1)}$；若退因子序列 u_{it}^{de} 不存在结构变化，而共同因子 CF_{it} 存在结构变化，则拒绝假设 $H_0^{(1)}$；若退因子序列 u_{it}^{de} 存在结构变化，而共同因子 CF_{it} 不存在结构变化，则接受假设 $H_0^{(2)}$；若退因子序 u_{it}^{de} 存在结构变化，而共同因子 CF_{it} 存在结构变化，则拒绝假设 $H_0^{(2)}$。

理论上，z_{it} 和 z_{it}^{de} 同时存在结构变化的情形是存在的，其变化时点有可能一致，也可能不一致。但是在实证分析时，此处 z_{it}^{de} 的同质结构变化会被 CF_{it} 的结构变化所覆盖或包含，因为面板数据存在截面相关时共同因子的提取已经覆盖或包含了所有截面共同影响因子，即共同因子是所有截面共同影响、共同趋势的体现。但是，如果考虑 z_{it}^{de} 的异质结构变化，说明不同截面个体还存在独有的结构变化，那么接受 $H_0^{(4)}$ 的情况就会出现。这说明 $H_0^{(4)}$ 在实证研究中还有广泛的研究空间，也会具有更有意义的应用价值。这将是后续研究的重要方向之一。

串行效应检验步骤已经在 2.5 小节进行了初步应用，应用结果显示该检验有助于面板数据模型共同因子和结构变化交互影响的辨识。

3 非平稳面板数据检验及其一致性分析

非平稳面板数据理论已成为现代计量经济学重点研究的问题之一，也已成为应用计量经济学的核心方法之一。在面板协整模型构建过程中，有一套完整的研究范式：“面板单位根检验——面板协整检验——面板协整模型估计——面板误差修正模型”。根据 Engle et al.(1987) 对协整的定义，对进行协整检验的两个变量的要求是单整序列，即非平稳序列才可以进行协整关系的检验。因此，作为序列非平稳性检验的单位根检验就成了协整检验的先行检验方法，是决定协整检验是否可以进行的先决条件，该思路成为时间序列数据或面板数据非平稳性建模的主要思想。非平稳面板数据的检验与传统时间序列数据的检验有很多类似的地方，但是由于面板数据的特殊性，其单位根检验和协整检验有别于传统非平稳时间序列模型的检验思路，还衍生出了因数据结构设定不同而不同的一代代各具特色和实用价值的检验原理。

下面我们首先对文献中已有的面板单位根检验和协整检验进行介绍，然后结合第 2 章的内容进行检验结论是否一致的分析。

3.1 面板单位根检验

面板单位根检验作为非平稳面板数据检验最主要的方法，以是否考虑了截面相关性和结构变化为界，大体上分为三个发展阶段。第一阶段的面板单位根检验以截面独立为首要假设条件，假设面板数据不同截面个体之间是相互独立的，以 Levin et al.(2002) 提出的 LLC 检验，Im et al.(2003) 提出的 IPS 检验，Choi (2001) 提出的 Fisher-PP 检验为代表，这些检验方法也被称为第一代面板单位根检验；第二阶段的面板单位根检验放宽了前一阶段截面独立的假设条件，允许截面个体之间存在相关性，并以不同的相关形式进行了平稳性检验方法研究，以 Phillips et al.(2003)、Bai et al.(2004)、Moon et al.(2004)、Pesaran (2007) 等的研究结论为主要代表；第三阶段的面板单位根检验在第二阶段的假设之下加入了结构变化，允许截面个体在时间上发生结构变化，即考虑的非平稳辅助回归方程具有非线性特征，以 Westerlund (2006)、Bai et al.(2009) 等的研究成果为主要代表。近几年关于面板单位根的检验趋于研究更为微观的问题，比如非平稳辅助回归方程的估计方法创新、非平稳检验统计量的创新等。

3.1.1 截面独立的面板单位根检验

最传统、最经典的单位根检验是时间序列里的 DF 检验、ADF 检验，以变量自回归形式为辅助回归模型，构造基于变量显著性检验的 DF 检验、ADF 检验统计量。最初的面板单位根检验也是基于这样的思想，将多个截面个体进行混合而得的。Quah (1990, 1994) 根据以下检验式提出了最早的面板单位根检验方法：

$$y_{it} = \beta y_{it-1} + u_{it}, \quad i = 1, \cdots, N; \; t = 1, 2, \cdots T; \; u_{it} \sim IID(0, \sigma^2) \tag{3.1.1}$$

此时的原假设 $H_0: \beta = 1$，当原假设成立时说明序列存在单位根；备择假设为 $H_1: \beta < 1$，说明序列是平稳序列。Quah (1990, 1994) 进一步说明当 N 和 T 同时趋近于无穷大，且收敛速度相同（N / T 为常数）时，面板单位根检验统计量渐近地服从正态分布。

表 3.1 给出了截面独立的面板单位根检验方法的综合信息。

表 3.1 截面独立的主要面板单位根检验

来源	检验辅助回归式	检验统计量
Levin-Lin (1992)	$\Delta y_{it} = \beta y_{it-1} + z_{it}' \gamma + u_{it}$, $i = 1, \cdots, N$	$t_{\hat{\beta}} = (\hat{\beta} - 1) \sqrt{\sum_{i=1}^{N} \sum_{t=1}^{T} \tilde{y}_{i,t-1}^2} / S_e$
Levin et al. (2002)	$\Delta y_{it} = z_{mi} \alpha_{mi} + \beta y_{i,t-1} + \sum_{j=1}^{p_i} \varphi_{ij} \Delta y_{i,t-j} + u_{it}$	$t_{\hat{\beta}}^* = \frac{t_{\hat{\beta}} - IT\hat{S}_I \hat{\sigma}_u^{-2} S(\hat{\beta}) \mu_{mT}^*}{\sigma_{mT}^*}$
Im et al. (2003)	$y_{it} = z\alpha_i + \beta_i y_{i,t-1} + \sum_{j=1}^{p_i} \varphi_{ij} \Delta y_{i,t-j} + u_{it}$	$\bar{Z}_t = \sqrt{N}[\bar{t} - N^{-1} \sum_{i=1}^{N} E(t_i)] / \sqrt{N^{-1} \sum_{i=1}^{N} Var(t_i)}$

表3.1(续)

来源	检验辅助回归式	检验统计量
Maddala et al.(1999)	$\Delta y_{it} = z_{mi}\alpha_{mi} + \beta y_{i,t-1} + \sum_{j=1}^{p_i} \varphi_{ij}\Delta y_{i,t-j} + u_{it}$	$p = -2\sum_{i=1}^{N} \ln p_i$
Choi (2001)	$\Delta y_{it} = z_{mi}\alpha_{mi} + \beta y_{i,t-1} + \sum_{j=1}^{p_i} \varphi_{ij}\Delta y_{i,t-j} + u_{it}$	$Z = \frac{1}{\sqrt{N}}\sum_{i=1}^{N} \Phi^{-1}(p_i)$, $L = \sum_{i=1}^{N} \ln(\frac{p_i}{1-p_i})$

3.1.1.1 LLC 检验

LL 检验是对 Quah (1990, 1994) 检验式的扩展，检验模型中含有常数项和时间趋势项，为

$$y_{it} = \beta y_{it-1} + z_{it}'\gamma + u_{it},\ i = 1,\ \cdots,\ N;\ t = 1,\ \cdots,\ T;\ u_{it} \sim i.i.d\ N(0,\ \sigma_u^2) \tag{3.1.2}$$

其中，z_{it} 是模型的外生变量或自变量。原假设为 $H_0: \beta = 1$，说明序列存在单位根，备择假设为 $H_1: \beta < 1$。模型估计采用的是混合最小二乘估计法。当 N 和 T 同时趋近于无穷大时，其检验统计量 $t_{\hat{\beta}}$ 渐近服从标准正态分布 N (0, 1)。

LL 检验式为变量的一阶自回归形式，不适合高阶自回归，因此 Levin et al.(2002) 对模型形式进行了扩展，允许变量具有高阶自相关。数据生成形式为

$$y_{it} = \beta y_{it-1} + \mu + \delta_1 t + \alpha_i + u_{it},\ i = 1,\ \cdots,\ N,\ t = 1,\ \cdots,\ T \tag{3.1.3}$$

ADF 检验式为

$$\Delta y_{it} = z_{mi}\alpha_{mi} + \beta y_{i,t-1} + \sum_{j=1}^{p_i} \varphi_{ij}\Delta y_{i,t-j} + u_{it} \tag{3.1.4}$$

其中，$u_{it} \sim i.i.d\ N(0,\ \sigma_i^2)$，$p_i$ 为每个截面个体根据参数 φ_{ij} 是否显著和变量序列相关程度进行 AIC 最优选择的滞后阶数。原假设为 $H_0: \beta = 1$，备择假设为 $H_1: \beta < 1$。假定 N 和 T 同时趋近于无穷大时，$t_{\hat{\beta}}^* \Rightarrow N(0,\ 1)$。Breitung (2000) 对上述检验方法进一步优化，对误差项进行正交变换后再估计，以得到统计量值。

3.1.1.2 IPS 检验

LLC 检验的原假设为 $H_0: \beta = 1$，这说明不同横截面个体的自回归系数是一样的，即属于同质 (homogeneous) 面板数据建模。如果原假设成立，说明每一个截面个体都存在单位根；如果原假设不成立，说明每一个截面个体都不存在单位根。这样的假设条件过于苛刻，在实际运用中有很大的局限性，所以，

Im et al.（2003）提出了适宜异质（heterogeneous）面板数据的单位根检验方法。

IPS 检验是基于截面个体序列 ADF 统计量的适合异质面板数据的单位根检验，它放宽了 LLC 检验方法中各横截面个体系数 $\beta_i=\beta$ 的条件。该模型形式为

$$y_{it}=z\alpha_i+\beta_i y_{i,\ t-1}+\sum_{j=1}^{p_i}\varphi_{ij}\Delta y_{i,\ t-j}+u_{it}\ ,\ t=1,\ \cdots,\ T,\ i=1,\ \cdots,\ N \tag{3.1.5}$$

其中，$u_{it}\sim i.\ i.\ d(0,\ \sigma_i^2)$，$z=(0)$ 或 $z=(1)$ 或 $z=(1\quad t)$。原假设为 H_0：$\beta_i=1$，备择假设为 H_1：$\exists i$，$\beta_i<1$。检验统计量为

$$\bar{Z}_t=\sqrt{N}[\bar{t}-N^{-1}\sum_{i=1}^{N}E(t_i)]/\sqrt{N^{-1}\sum_{i=1}^{N}Var(t_i)} \tag{3.1.6}$$

其中，$\bar{t}=N^{-1}\sum_{i=1}^{N}t_i$，$t_i$ 为第 i 个横截面个体 ADF 检验的 t 统计量。

当 $(T,\ N\rightarrow\infty)_{seq}$ 时，有 $\bar{Z}\Rightarrow N(0,\ 1)$。

LLC 和 IPS 面板单位根检验已成为目前面板数据平稳性的主要检验方法，但是在其检验式及检验统计量的构造过程中，均要求面板数据是完整的，要求所有横截面时间序列具有相同时间长度 T，且具有相同的滞后阶数，即是平衡面板数据（balanced panel）形式。若是非平衡面板数据，LLC 和 IPS 面板单位根检验就不适用了。

3.1.1.3 Fisher 类检验

由于 LLC 和 IPS 面板单位根检验仅适用于平衡面板数据，为了解决此问题，Maddala et al.（1999）基于 Fisher（1932）提出的组合检验统计量给出了组合 P 值检验方法，称为 MW 检验。该检验方法对各横截面个体序列进行 ADF 检验的伴随概率 p_i 进行取对数，再求其和，构造成新的检验统计量。检验的原假设为序列存在单位根，为非平稳序列。检验统计量为

$$p=-2\sum_{i=1}^{N}\ln p_i \tag{3.1.7}$$

组合 P 值统计量的渐近极限分布为 $\chi^2(2N)$。MW 检验又被称为 Fisher-ADF 检验。

和 MW 检验思路类似，Choi（2001）基于逆正态和 logit 函数形式提出了两种组合 P 值的面板单位根检验方法，其中 p_i 表示截面个体 ADF 检验的伴随概率值。原假设为序列存在单位根。检验统计量为

$$Z=\frac{1}{\sqrt{N}}\sum_{i=1}^{N}\Phi^{-1}(p_i),\ L=\sum_{i=1}^{N}\ln(\frac{p_i}{1-p_i}) \tag{3.1.8}$$

其中，$\Phi(\cdot)$ 为标准正态变量的累积分布函数。该检验又被称为 Fisher-PP 检验。统计量的渐近极限分布 $Z \Rightarrow N(0, 1)$，$L \Rightarrow N(0, 1)$。

基于 Fisher 组合统计量思想提出的三类组合 P 值检验方法的优点显著。一是面板数据的每一个横截面个体不要求具有完全相同的时间长度，这适合非平衡面板数据的平稳性检验，能弥补 LLC 检验和 IPS 检验的不足；二是组合 P 值统计量是利用截面个体的伴随概率，按照一定的规则进行构建，适合不同的滞后阶数和样本大小，小样本性质表现稳健；三是组合 P 值检验方法使面板单位根检验进入了一个更为广泛的研究框架，拓宽了研究者的检验思路。

另外，Smith（2004）将加权对称（weighted symmetry）检验、最大值（Max）检验和拉格朗日乘数（LM）检验进行了扩展，并将之应用到面板数据模型中，构造出了适宜面板单位根检验的 $\overline{Max}$、$\overline{WS}$ 和 $\overline{Min}$ 统计量，其渐近极限分布全部为 N（0，1）。白仲林（2005）将时间序列模型中的广义最小二乘退势方法与 IPS 面板单位根检验相结合，提出了用于非平稳面板数据检验的 $\tilde{t}-GLS$ 检验统计量，通过 Monte Carlo 模拟了该统计量的小样本性质，发现 $\tilde{t}-GLS$ 的检验功效优于 IPS 检验。

3.1.2 截面相关的面板单位根检验

截面独立是面板单位根检验理论发展过程中的理想假设。在现实经济环境中，受国际国内贸易合作、资本流动、人力资本迁移、技术溢出等因素影响，且随着“互联网+”带来的发展模式创新，国家之间、地区之间的经济关系都表现出较强的相关性。Pesaran（2007）的研究发现，在实证分析中如果忽视了面板数据截面个体之间的相关性将导致分析结果出现严重失真，使结论无效。同时，Breitung et al.(2007）也指出由于地理空间的溢出效应和互通效应，外加区域之间众多可观察或不可观察因素的作用，面板截面个体之间总是存在很强的相互依赖性。而 Maddala et al.(1999）的研究也早已指出，当面板数据个体截面之间存在同期相关性时，已有的截面独立面板单位根检验方法（比如 LLC 检验和 IPS 检验）失效。因此，越来越多的研究成果开始关注截面相关的面板单位根检验。2.2 小节给出了多种截面相关形式，但是在面板非平稳性检验过程中对截面相关的处理方式大多是去相关。去相关就意味着需要知道具体相关形式，就如同加权最小二乘估计法需要知道权重一样，所以截面相关的面板数据多以共同因子结构存在。也有部分检验方法设定截面相关形式为截面弱相关，具体可以参见 Chang（2002）、Breitung et al.(2010）等的研究。

3.1.2.1　共同因子结构

Phillips et al.(2003)、Moon et al.(2004) 和 Bai et al.(2004) 的研究均是将面板数据截面相关处理为共同因子结构的代表型研究。原假设均为非平稳序列。

Phillips et al.(2003) 考虑了时点上的异质共同因子结构，分别对有趋势项、有常数项和无趋势无常数项三种情况进行了研究。最基本的模型形式为

$$
\begin{aligned}
y_{it} &= \alpha_i + \rho y_{i,\ t-1} + u_{it} \\
u_{it} &= \delta_i \theta_t + \varepsilon_{it}
\end{aligned}
\tag{3.1.9}
$$

其中，$i = 1, \cdots, N$，$t = 1, \cdots, T$，$\theta_t \sim iid.\ N(0,\ 1)$ 为共同因子，δ_i 为共同因子的载荷系数，用来度量时点共同因子对截面序列 i 的影响程度，且 $E(u_{it}u_{jt}) = \delta_i\delta_j$。对于不同的时间 t，随机项 $\varepsilon_{it} \sim iid.\ N(0,\ \sigma_i^2)$。他们首先通过主成分方法估计出共同因子及其载荷系数值 δ_i，再通过正交去因子技术除掉共同时点因子的影响，提出了修正的 Hausman 检验用于单位根判断，最后采用混合最小二乘估计（POLS）得到参数 ρ 的估计值，以此来构造检验统计量，该方法被称为 PS 检验。

Moon et al.(2004) 与 PS 检验的构建思路类似，但两者考虑的模型形式有所不同，Moon et al. 研究的是存在截面相关的动态因子模型，该方法被称为 MP 检验。模型形式为

$$
\begin{aligned}
y_{it} &= \alpha_i + \delta_i t + x_{it} \\
x_{it} &= \beta_i x_{it-1} + \varepsilon_{it} \\
\varepsilon_{it} &= \lambda_i{}' F_t + e_{it}
\end{aligned}
\tag{3.1.10}
$$

其中，$i = 1, \cdots, N$，$t = 1, \cdots, T$，e_{it} 为特定随机误差项且为截面独立的，$\lambda_i = (\lambda_{i1}, \lambda_{i2}, \cdots, \lambda_{iK})'$ 是共同因子的载荷系数向量，$F_t = (f_{t1}, f_{t2}, \cdots, f_{tK})'$ 是 K 个不可观测的共同因子向量，使用主成分分析法估计共同因子 F_i 及其载荷矩阵和投影矩阵。首先，我们通过 OLS 退势处理去掉确定性线性趋势，再通过主成分分析和 BIC 准则确定共同因子，使用投影矩阵消除共同因子的影响，最后使用 t 统计量得到长期方差的一致估计，以此来构造检验统计量，该方法被称为 MP 检验。

Bai et al.(2004) 与 PS 检验和 MP 检验在共同因子求解上一致，均是借用主成分方法，但是考虑的模型形式更为复杂，且研究了非平稳共同因子情况。模型形式为

$$
\begin{aligned}
y_{it} &= \alpha_i + \beta_i t + \pi_i' F_t + e_{it} \\
f_{kt} &= \varphi_k f_{kt-1} + u_{kt} \\
e_{it} &= \varphi_i e_{it-1} + \varepsilon_{it}
\end{aligned}
\tag{3.1.11}
$$

其中，$i = 1, \cdots, N$, $t = 1, \cdots, T$, $k = 1, \cdots, K$，$\pi_i = (\pi_{i1}, \pi_{i2}, \cdots, \pi_{iK})'$ 是共同因子载荷系数向量，e_{it} 为特定随机误差项且为截面独立的，$F_t = (f_{t1}, f_{t2}, \cdots, f_{tK})'$ 是 K 个不可观测的共同因子向量，e_{it} 、F_t 和 π_i 之间相互独立，使用主成分分析法估计共同因子 F_i 及其载荷矩阵。检验的原假设 H_0：$\varphi_i = 1, i = 1, \cdots, N$，备择假设 H_1：$|\varphi_i| < 1$，$\exists i$，即原假设为序列存在单位根。

他们首先通过差分中心化处理去掉模型中的确定性线性趋势；其次使用主成分分析法和 Bai et al.(2002) 的方法求出共同因子 F_t 和载荷系数 π_i（其中，$\hat{f}_t$ 是因子去势向量 f_t 的主成分估计，即 $\hat{f}_t$ 是矩阵 xx' 前 k 个特征根对应的特征向量乘以 $\sqrt{T-1}$ 的 $(T-1)\times K$ 矩阵，因子载荷系数的估计 $\hat{\pi}_i = x'\hat{f}_t/(T-1)$）；然后，对每个 $k = 1, \cdots, K$，计算第 k 个去势因子估计值的部分和序列 $\hat{F}_{tk} = \sum_{s=2}^{t} \hat{f}_{sk}$，并在原假设成立的条件下，计算 $\{\hat{F}_{tk}\}$ 序列的 DF 统计量 $DF_F(k)$ 和序列 $\{\hat{e}_{it}\}$ 的 DF 统计量 $DF_e(i)$；接着对每个 $i = 1, \cdots, N$，计算去势特定误差项估计序列的部分和序列 $\hat{e}_{it} = \sum_{s=2}^{t} \hat{z}_{is}$，设 $p_e(i)$ 为统计量 $DF_e(i)$ 的 p 值，构建检验统计量 $P_e = -2\sum_{i=1}^{N} \ln[p_e(i)]$，该方法被称为 BN 检验。在 Bai et al.(2010) 的基础上进一步构造了基于 MSB 检验的 PMSB 检验统计量。

PS 检验、MP 检验、BN 检验是以共同因子结构表示截面相关。Jang et al.(2005) 采用 Monte Carlo 模拟进行了小样本性质的对比研究，他们发现 BN 检验所用的退去共同因子法比 PS 检验和 MP 检验中用投影矩阵正交变换退因子法更有效，而 MP 检验功效则高于 PS 检验。PS 检验和 MP 检验均对投影矩阵进行正交变换以去除共同因子，将截面相关的面板数据转化为截面独立的面板数据，再结合 3.1.1 中提及的检验思想构建检验统计量；而 BN 检验则是在原序列基础上直接减去共同因子以达到退去截面相关的影响。

3.1.2.2　其他结构形式

Pesaran（2007）在传统 ADF 辅助回归式中引入共同因子的代理变量来消除共同因子对单位根检验的影响，构建了基于截面 t 检验统计量的检验方法。该检验方法是对滞后的截面个体均值及其一阶差分进行回归，得到截面个体参数显著性检验的 t 统计量的，被称为截面扩展的 DF 检验（cross-sectionally augmented dickey-fuller，CADF）。辅助回归模型为

$$\Delta y_{it} = \alpha_i + \beta_i{}^* y_{i,\ t-1} + d_0 \bar{y}_{t-1} + d_1 \Delta \bar{y}_t + u_{it} \tag{3.1.12}$$

其中，$\bar{y}_t$ 表示时点 t 上所有截面个体观测值的横向平均值，并用 $\bar{y}_{t-1}$ 和 $\Delta\bar{y}_t$ 来刻画截面个体之间的相关性。为了满足数据具有的序列相关性，模型的扩展形式为

$$\Delta y_{it} = \alpha_i + \beta_i{}^* y_{i,\ t-1} + d_0 \bar{y}_{t-1} + \sum_{j=0}^{p} d_{j+1} \Delta \bar{y}_{t-j} + \sum_{k=1}^{p} c_k \Delta y_{i,\ t-k} + u_{it} \tag{3.1.13}$$

其中，滞后阶数 p 根据 AIC 准则确定。首先，他们对每个截面个体进行回归，得到参数 $\beta_i{}^*$ 的 t 统计量，然后求出 N 个 t 统计量的均值以构造检验统计量。统计量的构造借鉴了 LLC 检验和 Fisher 类检验思想，有 CIPS 检验统计量 $CIPS = \sum_{i=1}^{N} t_i/N$，CZ 统计量 $CZ = \sum_{i=1}^{N} \Phi^{-1}(p_i)/\sqrt{N}$，CP 统计量 $CP = -2\sum_{i=1}^{N} \ln(p_i)$，其中，$p_i$ 表示辅助回归式中截面 ADF 检验的伴随概率。

Pesaran et al.(2013) 扩展了 Pesaran (2007) 提出的 CIPS 检验，考虑的模型为多因子误差结构模型，提出了基于截面扩展的 SB 检验（cross-sectionally augmented Sargan-Bhargava，CSB）简单平均值的新检验方法。

Becheri et al.(2015) 应用局部渐近混合正态（locally asymptotically mixed normal，LAMN）替代了 LAN，研究了局部单位根的检验，模型形式为

$$\begin{aligned} Y_{it} &= m_i + Z_{it} \\ Z_{it} &= \rho_i Z_{i,\ t-1} + \varepsilon_{it} \end{aligned} \tag{3.1.14}$$

因子结构定义为 $\varepsilon_{it} = \sigma_i = (\gamma_i F_t + \sqrt{1-\gamma_i^2}\,\eta_{it})$，其中 $\rho_i = 1 + h\dfrac{H_i}{\sqrt{N}T}$，原假设为 $H_0: h = 0$，原假设成立时，序列存在单位根。

Chang (2002) 构造了适合非平衡面板单位根检验的 S_N 统计量。数据生成过程为

$$y_{it} = \rho_i y_{it-1} + u_{it} \tag{3.1.15}$$

其中，第 i 个截面个数为 T_i 个，$u_{it} = \sum_{k=1}^{p_i} \beta_{ik} u_{it-k} + \varepsilon_{it}$，$p_i$ 为 u_{it} 自回归模型的滞后阶数。

Taylor et al.(1998) 给出了两种面板单位根检验方法：一是将 Abuaf et al.(1990) 考虑的 SUR 模型进行扩展，提出适合异质面板数据的 MADF 检验；二是扩展了 Johansen (1988, 1990) 提出的适宜面板数据的 Johansen 似然比（Johansen likelihood ratio，JLR）单位根检验。Chang（2004）提出了适合截面相关面板数据单位根检验方法的自助检验程序。Kapetanios（2007）应用 Pesaran（2006）提出的 CCE 方法提出了可以用于动态因子结构的面板单位根检验方法。余壮雄（2014）提出了适合近似因子模型的面板单位根检验方法。Sul（2009）使用递归均值调整（recursive mean adjustment）方法提出了适合 $T > N$ 的面板单位根检验。

3.1.3 结构变化的面板单位根检验

Perron（1989）较早地发现了以宏观经济变量为结构变化的趋势平稳过程。在以上面板单位根检验中，研究者均假设样本期内的数据结构是一致的，即没有发生结构变化（structural breaks），但是在实际经济问题研究中，数据结构发生变化的情况频频发生。一个国家或地区发生的重大变化势必给世界上其他国家或地区的经济发展带来不同程度的冲击作用，比如石油危机、战争、金融危机、制度变革、政策调整等都可能对经济变量产生巨大的影响，改变原有的数据演变趋势。因此，在非平稳面板数据中考虑结构变化是大势所趋。

目前，研究存在结构变化的面板单位根检验已成为非经典计量经济学的重点之一。鉴于面板数据的多维特征，其带结构变化的单位根检验比时间序列带结构变化的单位根检验更加复杂多变，比如单位根的异质性、突变点的同期性、误差项的空间相关性等方面。2.6 小节表明，结构变化和截面相关还存在交互影响作用，即截面相关时如果存在结构变化，则检验结果也将受到很大的影响。面板数据的异质或同质结构变化将会为研究世界经济结构变迁提供有效的理论方法，完善结构变化的面板单位根检验理论具有重大意义。

Im et al.（2005）将时间序列带结构变化的单位根 LM 检验扩展到面板数据，并从随机误差是否存在自相关两方面出发，提出了适宜结构变化的面板单位根检验统计量。比较有意思的是该检验统计量的渐近分布与结构变化的存在无关，均为标准正态分布，模型为

$$\begin{aligned} y_{it} &= z_{it} + x_{it}, \quad t = 0, 1, \cdots, T, \quad i = 1, 2, \cdots, N \\ z_{it} &= \gamma_{1i} + \gamma_{2i} t + \delta_i D_{it} \\ x_{it} &= \varphi_i x_{i,t-1} + \varepsilon_{it} \end{aligned} \tag{3.1.16}$$

其中，T_i 为序列 i 的结构变化点，D_{it} 为 0－1 取值的示性函数，有 $D_{it} = \begin{cases} 0, & t \leq T_i \\ 1, & t \geq T_i + 1 \end{cases}$。辅助检验式为

$$\Delta y_{it} = \beta_i y_{i,t-1} - \beta_i \gamma_{1i} + [1 - (\beta_i + 1)(t - 1)] \gamma_{2i} + \varepsilon_{it}$$

其中，$\beta_i = -(1-\varphi_i)$。检验的原假设为 H_0：$\forall i$，$\beta_i = 0$，备择假设为 H_1：$\exists i$，$\beta_i < 0$，原假设成立时说明序列存在单位根。在 $\varepsilon_{it} \sim i.\ i.\ d\ N(0,\ \sigma_i^2)$ 的条件下，对数似然函数为

$$\ln L = \sum_{i=1}^{N} (-T\ln 2\pi\sigma_i^2/2 - SSE_i/2\sigma_i^2) \tag{3.1.17}$$

其中，$SSE_i = \sum_{t=1}^{T} \{\Delta y_{it} - \beta_i y_{i,\ t-1} + \beta_i \gamma_{1i} - [1-(\beta_i+1)(t-1)]\gamma_{2i} - (\Delta D_{it} - \beta_i D_{i,\ t-1})\delta_i\}^2$。

结合 Schmidt et al.(1992) 的检验方法，我们提出 LM 检验统计量为

$$\Gamma_{LM} = \sqrt{N}\{\frac{1}{N}\sum_{i=1}^{N} t_{LM,\ iT} - \frac{1}{N}\sum_{i=1}^{N} E(t_{LM,\ iT})\} / \sqrt{\frac{1}{N}\sum_{i=1}^{N} Var(t_{LM,\ iT})} \Rightarrow N(0,\ 1) \tag{3.1.18}$$

其中，$t_{LM,\ iT}$ 为 LM 检验中第 i 个截面个体的 t 检验统计量。

Westerlund (2006) 首先将 Amsler et al.(1995) 提出的适合单一结构变化点的单位根检验拓展到多个变结构点，然后再应用到面板数据里。研究的模型形式为

$$\begin{aligned} y_{it} &= \alpha_i + \tau_i t + \sum_{j=1}^{K_i} \delta_{ij} D_t(T_{ij}^b) + z_{it} \\ \Delta z_{it} &= \varphi_i z_{i,\ t-1} + \sum_{j=1}^{p_i} \gamma_{ij} \Delta z_{it-j} + e_{it} \end{aligned} \tag{3.1.19}$$

其中，K_i 为面板数据中结构变化点的个数。$D_t(T_{ij}^b)$ 为第 i 个截面个体刻画结构变化的变量。有 $D_t(T_{ij}^b) = \begin{cases} 1,\ t = T_{ij}^b \\ 0,\ t \neq T_{ij}^b \end{cases}$。检验的原假设为 H_0：$\varphi_i = 0$，备择假设为 H_1：$\exists i$，使得 $\varphi_i < 0$。检验统计量为 $\tau_{\varphi N} = \frac{1}{N}\sum_{i=1}^{N} \tau_{\varphi_i}$，其极限分布为标准正态分布，$\tau_{\varphi_i}$ 为时间序列单位根检验中第 i 个截面的检验统计量。

白仲林 (2008a) 根据 Banerjee et al.(1992) 提出的模型变换方法和内生突变点选择原理，提出了一种截面独立面板数据的内生结构变化单位根的联合检验。Bai et al.(2009) 应用研究了带共同因子的多个结构变化点的非平稳面板数据，通过过滤出数据的共同因子，着重研究其他随机冲击对模型的影响。Gutierrez et al.(2007) 采用递归方法处理参数的时变性，提出了适宜突变前后数据结构发生变化的面板数据，并考虑了结构变化的持续性 (changes in persistence)。

Perron（1989）将结构变化方式分为两种类型。第一种结构变化是突变式的，即结构突变时点是瞬间对模型产生了影响，采用0-1取值的示性函数作为结构变化变量，这种类型可以记为附加异常值（additive outlier，AO），前面介绍的结构变化均属于这一类型；第二种结构变化是渐变式的，对模型的影响呈现出逐步性、渐近性的特征，可以采用非线性函数表示结构变化变量，这种类型的结构变化记为IO（innovation outlier）。不同的结构变化类型适宜不同的模型。

陈海燕等（2011）利用非线性LSTR模型修正了带结构变化面板数据的IPS单位根检验方法，考虑了渐变式结构变化。考虑的模型形式为

$$y_{it}=a_{1i}+a_{2i}S_{it}(\gamma,\ \tau)+v_{it}$$
$$y_{it}=a_{1i}+\beta_{1i}t+a_{2i}S_{it}(\gamma,\ \tau)+v_{it} \tag{3.1.20}$$
$$y_{it}=a_{1i}+\beta_{1i}t+\beta_{2i}tS_{it}(\gamma,\ \tau)+v_{it}$$

其中，$S_{it}(\gamma,\ \tau)=[1+\exp\{-\gamma_i(t-\tau T)\}]^{-1}$，$\gamma_i\geqslant 0$，$i=1,\ 2,\ \cdots,\ N$，$t=1,\ 2,\ \cdots,\ T$。

Karavias et al.(2014）针对带时间趋势和同期未知突变点的高阶面板自回归模型提出了单位根检验方法。

3.1.4 其他面板单位根检验

3.1.3小节对时点上存在结构变化的非平稳面板数据进行了检验说明，采用的是0-1取值的示性函数表示结构变化。0-1取值的示性函数属于结构突变，经济变量发生结构变化常常为渐变的形式，即外生冲击的影响具有时间延续性。下文介绍基于平滑转换回归（smooth transition autoregressive，STAR）构建的面板单位根检验方法。

Ucar et al.(2009）应用Kapetanios et al.(2003）提出的KSS统计量提出了适合非线性异质面板数据的面板单位根检验方法，模型为

$$\Delta y_{it}=\alpha_i+\gamma_i y_{i,\ t-1}[1-\exp(-\theta_i y_{i,\ t-1}^2)]+\varepsilon_{it} \tag{3.1.21}$$

其中，$\theta_i>0$。检验的原假设为H_0：$\forall i$，$\theta_i=0$，原假设成立时说明序列存在单位根。备择假设为H_0：$\exists i$，$\theta_i=0$。在$\theta_i=0$处，对上式进行一阶泰勒（Taylor）展开，得到辅助回归式为

$$\Delta y_{it}=\alpha_i+\delta_i y_{i,\ t-1}^3+\varepsilon_{it}$$

其中，$\delta_i=\theta_i\gamma_i$。

面板单位根检验的原假设为H_0：$\forall i$，$\delta_i=0$，说明序列为线性非平稳过程。备择假设为H_0：$\exists i$，$\delta_i=0$，说明序列为非线性平稳过程。Kapetanios et al.

(2003）提出的检验统计量为

$$t_{i,NL}=\frac{\Delta y_i' M_\tau y_{i,-1}^3}{\hat{\sigma}_{i,NL}(y_{i,-1}' M_\tau y_{i,-1})^{3/2}} \tag{3.1.22}$$

其中，$y_{i,-1}^3=(y_{i0}^3, y_{i1}^3, \cdots, y_{i,T-1}^3)$，$\hat{\sigma}_{i,NL}=\frac{\Delta y_i' M_\tau \Delta y_i}{T-1}$，$M_\tau=I_T-\tau_T(\tau_T'\tau_T)^{-1}\tau_T'$，$\tau_T$ 为 T 维取值全为 1 的列向量。Ucar et al.(2009）提出的检验统计量为

$$t_{NL}=\frac{1}{N}\sum_{i=1}^{N} t_{i,NL}$$

该统计量的渐近极限分布为 N（0，1）。

另外，He et al.(2005）假设原假设为序列存在单位根的情况下，基于面板逻辑平滑转换自回归模型（panel logit smooth transition autoregressive，PLSTAR）构造了非平稳检验统计量，该统计量是基于自回归系数的最小二乘虚拟估计量（LSDV）构造，此检验方法属于同质面板单位根检验。Cerratoa et al.(2008）给出了适合非线性异质面板数据的面板单位根检验方法，考虑的是存在截面相关的面板指数平滑转换自回归模型（PESTAR），在处理指数模型时采用泰勒展开对模型进行简化，再结合 CADF 检验提出新的检验统计量，并通过 Monte Carlo 模拟给出小样本性质。Chiang et al.(2007）利用 IPS 检验和组合 P 值检验方法的构造原理，针对辅助回归为非线性动态面板数据模型的序列进行平稳性检验，在模型处理过程中采用的是指数平滑转换自回归，该检验方法适合同质和异质面板数据。

此外，时点上的结构变化仅属于非线性面板数据模型的一种特殊形式，结构变化还可以表现为门限值的形式，这将成为我们下一步持续研究的内容。

3.2　面板协整检验

面板协整模型作为非平稳面板数据建模的主要方法，已成为研究面板数据长期均衡关系的常用方法之一。因与非平稳时间序列模型具有相似的建模步骤，该模型很快被大量地应用于计量经济学研究领域，应用范围极其广泛。面板协整检验作为面板协整模型构建的初始检验方法，是决定协整模型是否可以建立的关键。

面板协整检验方法初见于 Kao（1999）和 Pedroni（1999，2004）的研究。它和面板单位根检验方法发展的路径非常类似，可以根据截面独立和结构变化

分为三个阶段。第一阶段，假设面板数据截面个体之间是不相关的，面板协整检验根据检验逻辑分为基于估计残差的单一协整关系检验和基于面板误差修正模型（PECM）的多个协整关系检验两个方向。单一协整关系检验基本思想源于时间序列分析里的 E-G 两步法，以 Kao 检验、Pedroni 检验为主要代表。多个协整关系检验基本思想源于时间序列分析中基于 VAR 模型的 Johansen 协整检验，以 Larsson et al.(2001)、Breitung（2005）等为代表。第二阶段，放宽第一阶段截面不相关的假设条件，假设截面个体之间存在相关性，比如 Bai et al.(2006)、Westerlund et al.(2007)、Bai et al.(2008)、Demetrescu et al.(2008)、Hank（2009）等提出的截面相关条件下的面板协整检验方法，都以共同因子结构为主要研究对象。第三阶段，在协整检验模型中加入结构变化的影响，比如 Westerlund（2006a，2006b），Gutierrez（2010）等研究的适合突变型（AO）结构变化的面板协整检验。此外 Banerjee et al.(2006)，Westerlund et al.(2008)等研究了截面相关和结构变化同时存在的面板协整检验，构建了对应的协整检验模型。近几年来，估计协整向量、构建非线性协整模型等持续成为人们研究的热点问题。

面板协整关系可以定义如下：

设多维变量 $z_{it}=(z_{i1t},\ z_{i2t},\ \cdots,\ z_{in_it})$，$i=1,\ \cdots,\ N,\ t=1,\ \cdots,\ T$。对于每个个体 i，都有

$$z_{ijt}\sim I(1),\ j=1,\ 2,\ \cdots,\ n_i \tag{3.2.1}$$

若存在一个线性组合 $\beta_i=(\beta_1,\ \beta_2,\ \cdots,\ \beta_N)$，使得

$$\underset{r_i\times n_i}{\beta_i'}\ \underset{n_i\times 1}{z_{it}}\sim I(0) \tag{3.2.2}$$

则称变量 z_{it} 存在长期均衡的协整关系，其中 r_i 为协整关系的个数。当 $r_i=1$ 时，变量仅有一个协整关系，此时可以利用基于残差的面板协整检验方法；当 $r_i>1$ 时，可以采用基于 VAR 的系统协整检验方法。

3.2.1 截面独立的面板协整检验

截面独立的面板协整检验与截面独立的面板单位根检验类似，都是预先假设面板数据截面个体之间不存在相关性，所以最初的面板协整检验与时间序列协整检验类似，要么是基于回归残差是否平稳，其基本思想源于 Engle et al.(1987)，是依据残差的平稳性检验来判断变量间是否存在长期均衡的协整关系；要么基于 VAR 模型进行构建，可以检验多个协整关系的存在。

3.2.1.1 无协整关系的检验

在截面独立的面板协整检验中，原假设为不存在协整关系的代表型检验为

Kao 检验和 Pedroni 检验。

Kao（1999）考虑的是同质面板协整检验模型，回归方程为

$$y_{it} = x_{it}'\beta + z_{it}'\gamma + e_{it}, \ i = 1, \ \cdots, \ N, \ t = 1, \ \cdots, \ T \qquad (3.2.3)$$

其中，x_{it} 和 y_{it} 为 $I(1)$ 过程，比如 $x_{it} = x_{i,\ t-1} + \xi_{it}$，$\xi_{it}$ 为白噪声过程。z_{it} 是代表任何固定效应（可以取 0、1、固定效应 α_i）或面板固定时间趋势的外生变量。在 $z_{it} = \{\alpha_i\}$ 时，Kao（1999）提出了基于残差 $\hat{e}_{it}$ 的 DF 形式和 ADF 形式的面板协整检验统计量。检验的原假设为 H_0：$\rho = 1$，即模型不存在协整关系。

DF 形式的统计量来源于模型

$$\hat{e}_{it} = \rho\hat{e}_{it-1} + u_{it}, \ i = 1, \ \cdots, \ N, \ t = 1, \ \cdots, \ T \qquad (3.2.4)$$

其中，$\hat{e}_{it}$ 是模型（3.2.3）中 e_{it} 的估计量。ADF 形式的统计量来源于模型

$$\hat{e}_{it} = \rho\hat{e}_{it-1} + \sum_{j=1}^{p}\vartheta_j\Delta\hat{e}_{it-j} + u_{it}, \ i = 1, \ \cdots, \ N, \ t = 1, \ \cdots, \ T \qquad (3.2.5)$$

当 $(T, \ N \rightarrow \infty)_{seq}$ 时，所有统计量的渐近分布都是标准正态分布 $N(0, \ 1)$。

Kao 检验针对的是同质面板数据模型，而 Pedroni（1999）提出了适合异质面板数据的 7 个协整检验统计量，原假设为不存在协整关系，考虑的模型形式为

$$y_{it} = \alpha_i + x_{it}'\beta_i + \delta_i t + e_{it}, \ i = 1, \ \cdots, \ N, \ t = 1, \ \cdots, \ T \qquad (3.2.6)$$

其中，y_{it} 为 $(N \times T) \times 1$ 维变量，X_i 为 $(N \times T) \times K$ 维变量，K 是回归变量的个数。Pedroni 提出了两种形式的检验，一种采用的是联合组内尺度，包括四个统计量，可参见 Pedroni（1999）研究中的表一；另一种采用的是组间尺度描述，包括三个统计量。这两种形式均是通过 Newey-West 方法确定合适的滞后阶数。这七个统计量的渐近极限分布均是标准正态分布。

Pedroni（2004）对 Pedroni（1999）的假设进行了放宽，允许面板数据具有异质动态调整和异质斜率系数，并给出基于组间和组内维度的检验统计量，考虑了短期动态调整、个体固定效应和确定性趋势等影响。检验的原假设为不存在协整关系，且给出了基于长期协方差矩阵的非参数估计的 5 个面板协整检验统计量，统计量的渐近分布均为标准正态分布。Hanck（2009a）基于 Choi（2001）和 Maddala et al.（1999）的 Fisher 型单位根检验方法提出了更灵活、计算更方便的面板协整检验，检验的原假设为不存在协整关系。余壮雄等（2009）提出了基于准残差的面板协整检验。Westerlund（2005）基于 Breitung（2002）的非参数单位根检验提出了两种新的面板协整检验的方法：方差比检验（variance ratio trest）和修正方差比检验（modified variance ratio test）。

3.2.1.2 有协整关系的检验

McCoskey et al.(1998) 提出了原假设为存在协整关系的面板协整检验，考虑的模型为

$$y_{it} = \alpha_i + x_{it}'\beta_i + e_{it},\ x_{it} = x_{it-1} + \varepsilon_{it},\ e_{it} = \gamma_{it} + u_{it},\ \gamma_{it} = \gamma_{it-1} + \theta u_{it} \tag{3.2.7}$$

其中，$u_{it} \sim IID(0,\ \sigma_u^2)$。检验原假设为 $H_0: \theta = 0$，即存在协整关系。

该模型基于 LM 原理构建协整检验统计量，采用序贯极限理论的收敛方式，其极限分布为标准正态分布。

McCoskey et al.(1999) 针对 1965—1989 年 30 个发展中国家和 22 个发达国家的面板数据，使用面板 LM 协整检验探讨了城市化、人均产出和人均资本量之间的长期均衡关系。尽管城市化对各国的影响不一，但它们之间确实存在一个长期均衡关系。因此，McCoskey et al. 认为在各国之间有一些证据能表明城市化对经济增长具有深远影响。

原假设为存在协整关系的面板协整检验方法还有很多。诸如 Westerlund (2005) 提出了基于残差的面板 CUSUM 协整检验。Westerlund (2006a) 利用 Bonferroni 原则修正了面板 LM 检验，有效地提高了检验功效。

3.2.1.3 多个协整关系的检验

基于回归残差单一面板协整检验的可靠性依赖于回归残差估计是否准确，且只能检验变量之间存在的一个协整关系。但是，变量之间可能存在多个协整关系，因此基于面板 VAR 模型的多个协整检验方法得以广泛运用，以 Larsson et al.(2001)、Breitung (2005) 和 Karaman et al.(2014) 提出的 LR 检验为代表。

Larsson et al.(2001) 提出的检验模型为

$$\Delta Y_{it} = \Pi_i Y_{i,\ t-1} + \sum_{p=1}^{p_i-1} \Gamma_{ip} Y_{i,\ t-p} + \varepsilon_{it},\ i = 1,\ \cdots,\ N,\ t = 1,\ \cdots,\ T \tag{3.2.8}$$

其中，Y_{it} 为单整向量，Π_i 是 $k \times k$ 阶矩阵，$\Pi_i = \alpha_i\beta_i'$，α_i 和 β_i 为 $k \times r_i$ 维的满秩调整系数矩阵和协整向量矩阵。协整秩检验的原假设为 H (r)：$rank(\Pi_i) = r_i \leq r$，$\forall i = 1,\ \cdots,\ N$，即协整关系个数小于等于 r，备择假设为 H (k)：$rank(\Pi_i) = k$，$\forall i = 1,\ \cdots,\ N$。他们依次序对协整关系个数进行检验，比如先检验 $r = 0$，若拒绝原假设，再检验 $r = 1$，直到原假设成立或者 $r = k - 1$ 被拒绝为止。

Breitung (2005) 的检验模型为

$$\Delta Y_{it} = \alpha_i\beta' Y_{i,\ t-1} + \varepsilon_{it},\ t = 0,\ 1,\ \cdots,\ T;\ i = 1,\ \cdots,\ N \tag{3.2.9}$$

其中，α_i 为载荷矩阵，β 为协整向量，ε_{it} 为零均值的 k 维白噪声误差向量过程，

$\Sigma_i = E(\varepsilon_{it}\varepsilon_{it}')$。设 ε_{it} 服从标准正态分布，构造对数似然函数用于统计量构造。检验的原假设为 $H_0: rank(\beta) = r$，即变量间最多有 r 个协整关系，备择假设为 $H_1: rank(\beta) = k$。

Karaman et al.(2014) 基于 VEC 模型对带时间趋势的面板数据提出协整检验方法，模型为

$$\Delta\tilde{x}_{it} = \Pi_i\tilde{x}_{i,\ t-1} + \sum_{j=1}^{p_i-1}\Gamma_{ij}\Delta\tilde{x}_{i,\ t-j} + e_{it},\ i = 1,\ \cdots,\ N,\ t = p_i + 1,\ \cdots,\ T \tag{3.2.10}$$

其中，$\tilde{x}_{it} = y_{it} - \tilde{\mu}_{0i} - \tilde{\mu}_{1i}t$。定义 $rank(\Pi_i) = r_i$，$\bar{r} = \max\{r_i:\ 1 \leqslant i \leqslant N\}$，协整秩检验的原假设为 H（r）：$\bar{r} \leqslant r$，$\forall i = 1,\ \cdots,\ N$，备择假设为 H（k）：$\bar{r} \leqslant k$。

以上给出了经典的适用于截面独立的面板协整检验方法。近几年的面板协整检验应用研究主要采用这些检验方法，具体可以参见相关文献。

3.2.2 截面相关的面板协整检验

与截面独立对应的是截面相关，放宽截面之间的相关性，协整检验方法自然会有些变化。但是，大多数研究是消除截面相关，使得模型演化为截面独立的情形，主要有两类处理方式：一是将截面相关处理成共同因子结构，通过主成分估计共同因子，再去除因子影响；二是采用自助技术消除截面相关的影响。

Bai et al.(2004) 结合基于主成分分析法和组合 P 值检验法研究近似因子模型

$$\begin{aligned} y_{it} &= \alpha_i + \beta_i t + \pi_i' F_t + e_{it} \\ f_{kt} &= \varphi_k f_{kt-1} + u_{kt},\ k = 1,\ \cdots,\ K \\ e_{it} &= \varphi_i e_{it-1} + \varepsilon_{it},\ i = 1,\ \cdots,\ N,\ t = 1,\ \cdots,\ T \end{aligned} \tag{3.2.11}$$

其中，e_{it} 为特定误差项，且截面独立，$\pi_i = (\pi_{i1},\ \pi_{i2},\ \cdots,\ \pi_{iK})'$ 是共同因子载荷向量，$F_t = (f_{t1},\ f_{t2},\ \cdots,\ f_{tK})'$ 是面板数据的 K 个不可观测的共同因子向量，e_{it}、F_t 和 π_i 相互独立，检验的原假设为无协整关系，但具体检验过程又取决于共同因子和残差的平稳性检验。

Bai et al.（2006）研究的模型为

$$\begin{aligned} y_{it} &= \alpha_i + \beta x_{it} + e_{it} \\ x_{it} &= x_{i,\ t-1} + \varepsilon_{it} \\ e_{it} &= \lambda_i' F_t + u_{it} \end{aligned} \tag{3.2.12}$$

其中，F_t 为 $r \times 1$ 维向量的共同因子，e_{it} 为剩余随机误差项。他们采用主成分方

法估计共同因子，用 FMOLS 方法估计参数。在不断修正的过程中得到的检验统计量被记为 CUP-FM。

Bai et al.(2009) 考虑的面板协整模型与 Bai et al.(2006) 一致，唯一不同的是他们考虑了非平稳的共同因子，对存在不可观测全域随机趋势(unobserved global stochastic trends) 的截面相关面板数据协整模型的参数估计进行了研究，给出了偏差修正 CUP 统计量和 CUP-FM 统计量。

Westerlund (2008) 根据 Choi (1994) 提出的 Durbin-Hausman 协整检验方法提出了新的面板协整检验统计量。检验原假设为不存在协整关系，模型为

$$\begin{aligned} z_{it} &= \lambda_i' F_t + e_{it} \\ F_{jt} &= \rho_j F_{j,\ t-1} + u_{jt} \\ e_{it} &= \varphi_i e_{i,\ t-1} + v_{it} \end{aligned} \tag{3.2.13}$$

其中，F_t 为 k 维共同因子向量，$j=1, \cdots, k$，λ_i' 为因子载荷向量，设 $\rho_j < 1$，即 F_t 为平稳过程。当 $\varphi_i < 1$，则存在面板协整关系。

Bai et al.(2013) 考虑的模型与 Bai et al.(2009) 和 Bai et al.(2006) 类似，基本模型为

$$\begin{aligned} y_{it} &= \mu_i + \gamma_i t + x_{it}'\beta + u_{it} \\ x_{it} &= x_{i,\ t-1} + v_{it} \\ u_{it} &= \lambda_i' F_t + e_{it} \end{aligned} \tag{3.2.14}$$

原假设为 x_{it} 与 y_{it} 不存在协整关系，即 $u_{it} \sim I(1)$ 。其研究内容与 Bai et al.(2009) 和 Bai et al.(2006) 又不同，考虑了 F_t 是平稳和非平稳的情形，采取的是 Bai et al.(2004) 差分处理的方式来构造检验统计量。不同假设条件下模型处理方式见表 3.2。

表 3.2 Bai et al.(2013) 考虑的不同模型情形

假设		主要处理方式
x_{it} 与 u_{it} 独立	$\mu_i \neq 0$，$\gamma_i = 0$	差分 (Bai et al.，2004)，投影矩阵，主成分分析
	$\mu_i \neq 0$，$\gamma_i \neq 0$	差分和去均值去除时间趋势影响
x_{it} 与 u_{it} 相关	x_{it} 与 F_t 独立	工具变量去除内生性
	x_{it} 与 F_t 相关	差分，投影矩阵，非线性方程迭代 (Bai，2009)

以上为面板协整检验中将截面相关处理为共同因子结构的典型代表，下面

说明以自助技术处理截面相关的情形。

Westerlund et al.(2007) 构造了类似 McCoskey et al.(1998) 的 LM 检验统计量，采用自助技术去除了截面相关的影响，模型为

$$
\begin{aligned}
y_{it} &= \alpha_i + x_{it}^{'}\beta_i + z_{it} \\
z_{it} &= v_{it} + u_{it} \\
v_{it} &= \sum_{j=1}^{t} \eta_{ij}
\end{aligned}
\tag{3.2.15}
$$

其中，$\eta_{it} \sim IID(0,\ \sigma_i^2)$，原假设为 H_0: $\forall i$，即存在协整关系，备择假设为 H_1: $\exists i$，即协整关系不存在。

Groen et al.（2003）基于 SUR 模型思路研究了截面相关的面板数据。Hank（2009b）应用自助程序修正截面相关，并基于整合分析（meta analysis）提出一种新的面板协整检验方法。Westerlund（2007）基于误差修正模型提出了截面相关的面板协整检验，检验原假设为不存在协整关系，采用自助（bootstrap）方式去除截面相关的影响，提出了四个新的检验统计量。杨继生（2007）基于 Johansen 典型相关分析，建立了基于 LR 的面板协整检验统计量，并引入自助程序提高检验功效。Solberger（2011）通过去均值控制截面相关，但是研究发现该方法对外生共同因子效果较好。Omay et al.（2015）采用自助技术去除截面相关，对线性和非线性面板协整关系进行了研究。此外，Chang et al.(2012) 对异质截面相关的面板协整检验模型进行了研究，提出了基于 IV 估计量的 t-Ratio 统计量。

3.2.3 结构变化的面板协整检验

数据结构的改变是计量经济学研究中最为复杂也最为灵活的问题。理论计量经济学一般是在既定数据生成过程的情形下进行模拟研究，数据结构的变化将导致 DGP 的偏移，统计量的失效增加了研究的复杂度；应用计量经济学因数据结构的变化而变得更加灵活多变，并促进了理论计量经济学的进步和扩展。外生冲击被认为是数据结构变化的最主要因素，比如石油危机、经济危机、制度变革、政策演变等。在面板协整检验研究中，数据结构的变化将导致检验结果不准确或失真，Hao（1996）的研究表明结构变化将导致协整检验统计量的极限分布变得不可靠。因此，忽略数据的结构变化将可能使面板协整方程产生估计偏差和伪回归结果。数据结构的变化一般可以表现为均值突变、趋势变化和协整向量突变。

Westerlund（2006b）对存在结构变化的截面独立的面板数据提出了四种

简单的协整检验统计量，原假设为不存在协整关系，模型为

$$y_{it}=\mu_i+\eta_i t+\delta_i D_{it}+x_{it}'\beta_i+e_{it} \tag{3.2.16}$$

其中，$D_{it}=\begin{cases}1, & t>T_i\\ 0, & t\leqslant T_i\end{cases}$，$T_i=[\lambda_i T]$，$\lambda_i\in(0,1)$，$[\bullet]$ 表示取整。

Westerlund（2006c）基于 LM 提出适合多个结构变化点的截面独立的面板协整检验方法，模型为

$$\begin{aligned}y_{it}&=z_{it}'\gamma_{ij}+x_{it}'\beta_i+\varepsilon_{it}\\ e_{it}&=r_{it}+u_{it}\\ r_{it}&=r_{it-1}+\varphi_i u_{it}\end{aligned} \tag{3.2.17}$$

其中，$i=1,\cdots,N$，$t=T_{ij-1},\cdots,T_{ij}$，$j=1,\cdots,M_i+1$，γ_{ij} 和 β_i 为参数，$T_{ij},\cdots,T_{iM_i}$ 是结构变化点。设定 $T_{i0}=1$，$T_{iM_i+1}=T$，$r_{11}=0$，$w_{it}=(u_{it},v_{it}')$。原假设 H_0：$\varphi_i=0$，即变量 x_{it}，y_{it} 之间存在协整关系，备择假设为 H_1：$\varphi_i\neq 0$，即变量之间不存在协整关系。

Gutierrez（2010）考虑的是截面独立的面板协整检验方法，模型为

$$\begin{aligned}y_{it}&=\alpha_{1i}+x_{it}\beta_{it}+D_{st}+u_{it}\\ x_{it}&=x_{it-1}+\varepsilon_{it}\end{aligned} \tag{3.2.18}$$

根据结构变化的不同情形，结构变化可以分为五种类型，分别是：

a. 均值变化，$D_{1t}=\varphi_{t\tau_i}\alpha_{2i}$；

b. 带时间趋势的均值变化，$D_{2t}=\varphi_{t\tau_i}\alpha_{2i}+\theta_{1i}t$；

c. 均值变化和带时间的趋势变化，$D_{3t}=\varphi_{t\tau_i}\alpha_{2i}+\theta_{1i}t+\varphi_{t\tau_i}\theta_{2i}t$；

d. 均值变化和协整向量变化，$D_{4t}=\varphi_{t\tau_i}\alpha_{2i}+\varphi_{t\tau_i}x_{it}\beta_{2i}$；

e. 带时间的趋势变化和协整向量变化，$D_{5t}=\theta_{1i}t+\varphi_{t\tau_i}\theta_{2i}t+\varphi_{t\tau_i}x_{it}\beta_{2i}$。

其中，$\varphi_{t\tau_i}$ 表示描述结构变化的虚拟变量，$\varphi_{t\tau_i}=\begin{cases}1, & t>[T\tau_i]\\ 0, & t\leqslant[T\tau_i]\end{cases}$，$\tau_i\in(0,1)$。

Iorio（2007）对结构变化的面板协整检验进行了实证应用。以上检验适合截面独立的面板数据，下面放宽截面相关假设，考虑截面相关的情形（Banerjee et al.，2015；Westerlund et al.，2008）。这里带结构变化的截面相关面板协整模型属于并行式交互效应检验类型，即截面相关检验与结构变化是并列存在的，可以同时做联合检验或边际检验，而串行效应的检验将在 4.3 小节讨论。

Banerjee et al.(2015) 提出的一般模型为

$$
\begin{aligned}
&y_{it}=f_i(t)+x_{it}'\delta_{it}+e_{it},\ \Delta x_{it}=v_{it}\\
&e_{it}=\rho_i e_{i,\ t-1}+\varepsilon_{it},\ f_i(t)=\mu_i+\beta_i t+\theta_i DU_{it}+\gamma_i DT_{it}^{*}
\end{aligned}
\tag{3.2.19}
$$

其中，随机误差项 ε_{it} 和 v_{it} 为相互独立的，刻画结构变化的虚拟变量 $DU_{it}=\begin{cases}0, & \text{当} t\leqslant[T_{bi}]\\1, & \text{当} t>[T_{bi}]\end{cases}$，$DT_{it}^{*}=\begin{cases}0, & \text{当} t\leqslant[T_{bi}]\\(t-T_{bi}), & \text{当} t>[T_{bi}]\end{cases}$，$T_{bi}=\lambda_i T$，$\lambda_i\in(0,\ 1)$。原假设为不存在协整关系。

Westerlund et al.(2008) 基于 LM 提出了适宜截面相关和结构变化的面板协整检验方法，模型为

$$
y_{it}=\alpha_i+\eta_i t+\delta_i D_{it}+x_{it}'\beta_i+(D_{it}x_{it})'\gamma_i+z_{it},\ x_{it}=x_{i,\ t-1}+w_{it}
\tag{3.2.20}
$$

其中，$D_{it}=\begin{cases}0, & \text{当} t\leqslant\lambda_i^b T\\1, & \text{当} t>\lambda_i^b T\end{cases}$，$\lambda_i^b\in[n,\ 1-n]$，$n\in(0,\ 1)$。

截面相关的因子定义为

$$
z_{it}=\lambda_i'F_t+v_{it},\ F_{jt}=\rho_j F_{j,\ t-1}+u_{jt},\ j=1,\ \cdots,\ k,\ \varphi_i(L)\Delta v_{it}=\varphi_i v_{i,\ t-1}+e_{it}
\tag{3.2.21}
$$

其中，$\varphi_i(L)=1-\sum_{j=1}^{p_i}\varphi_{ij}L^j$，$F_t$ 为 k 维不可观测的共同因子，λ_i 为载荷向量。检验的原假设为不存在协整关系，即 H_0：$\forall i$，$\varphi_i=0$，备择假设为 H_1：$\exists i$，$\varphi_i<0$。结构变化点位置的确定采用 2.3 小节中 Bai et al.(1998) 提出的方法，共同因子的确定采用 2.2 小节中 Bai et al.(2004) 提出的方法。

3.3 检验方法的一致性分析

在全球化程度加深、国际贸易流动加速和信息技术发展迅猛等宏观背景下，经济变量往往受到共同冲击且表现出共同的发展趋势。截面独立假设条件下的面板单位根检验和面板协整检验不满足实证研究的客观现实，研究截面相关条件下特别是带共同因子结构的非平稳面板数据检验成为实证研究的重要方法。目前，成熟的研究方法中既有共同因子结构的面板单位根检验，也有共同因子结构的面板协整检验。

在实证研究中，我们要求能进行协整检验的序列必须是同阶单整的，即面

板单位根检验是面板协整检验前的必备步骤，那么由考虑了共同因子结构的面板单位根检验得出的同阶单整面板数据在进行面板协整检验时是否还需要考虑共同因子？如果继续考虑或不考虑共同因子，对面板协整检验结果将造成怎样的影响？带着这样的困惑，笔者查阅了已有研究文献，发现大部分带共同因子结构的面板协整检验方法均假设非平稳单向量为不带共同因子结构的情形，而假设共同因子结构仅存在于被检验双向量中。这就意味着在实证研究中需要自动忽略向量本身的共同因子，仅考虑向量间的共同因子。这样的假设不符合实证研究中序列的客观现实，不利于实证研究方法的选取和运用，不利于非平稳面板数据模型研究的完善。王秋霞等（2013）对部分面板协整检验进行了对比分析，建议根据检验方法的设定异同进行方法选择。

基于以上困惑，下面首先对具有代表性的检验方法进行分析，理顺已有检验方法的检验逻辑，进而对以上检验困惑进行解析，以期探寻更具逻辑协调性的非平稳面板数据整体检验框架。

3.3.1 模型分析

在面板单位根检验中，PS 检验、MP 检验、BN 检验均使用残差因子模型来表示面板数据的截面相关。PS 检验提出使用正交程序处理共同因子，通过变量的正交化去掉截面相关的影响；MP 检验则采用主成分方法估计出共同因子并进行退因子处理，由此得到具有较好渐近性质的估计量；BN 检验则考虑了更为广泛的情形，对模型的差分形式进行了主成分分析，考虑了因子的平稳性问题。Pesaran 检验依然适用残差因子模型表示截面相关，但是在截面相关处理的时候采取的是代理变量，而并不是适用主成分方法和退因子技术。总体来讲，截面相关情形下的面板单位根检验均有一个特点，即它们均是采用残差因子模型来表示截面相关，只是在处理因子时采取了不同的方法予以消除。综上，设面板单位根检验的模型为

$$\begin{aligned} x_{it} &= \alpha_i + \varepsilon_{it}, \quad i = 1, \cdots, N, \; t = 1, \cdots, T \\ \varepsilon_{it} &= \rho_i \varepsilon_{i,\,t-1} + \mu_{it} \end{aligned} \tag{3.3.1}$$

原假设为 $H_0: \rho_i = 1$，备择假设为存在一个 i，使得 $\rho_i < 1$。面板截面相关的处理方式采用了残差近似因子模型

$$\mu_{it} = \gamma_i{}' G_t + \eta_{it} \tag{3.3.2}$$

其中，η_{it} 为特定误差或特定冲击，且为截面独立的；$\gamma_i = (\gamma_{i1}, \gamma_{i2}, \cdots, \gamma_{iK})'$ 是共同因子载荷系数；$G_t = (g_{t1}, g_{t2}, \cdots, g_{tK})'$ 是面板数据的 K 个不可观测的共同因子向量。

检验模型形式可以合并写为

$$x_{it} = \mu_i + \rho_i x_{i,\ t-1} + \gamma_i{}' G_t + \eta_{it}$$

$$\mu_i = (1 - \rho_i)\alpha_i$$

再转换为 ADF 形式为

$$\Delta x_{it} = \mu_i + (\rho_i - 1)x_{i,\ t-1} + \gamma_i{}' G_t + \eta_{it} \tag{3.3.3}$$

原假设 $H_0: \rho_i = 1$ 等价于检验 $H_0: \rho_i - 1 = 0$。

在面板协整检验中，Bai et al.(2004)、Bai et al.(2006)、Bai et al.(2009)、Omay et al.(2015) 依然使用回归残差的因子模型表示截面相关，并采取主成分分析和退因子技术、去均值等方式处理截面相关。但是，残差的平稳性是协整关系是否存在的关键，因此残差因子模型中的共同因子是否平稳亦成为研究的焦点。面板协整检验的一般模型为

$$\begin{aligned} y_{it} &= \mu_i + x_{it}'\beta + u_{it} \\ x_{it} &= x_{i,\ t-1} + \varepsilon_{it} \\ u_{it} &= \lambda_i' F_t + e_{it} \end{aligned} \tag{3.3.4}$$

其中，u_{it} 为剩余误差项。F_t 和 e_{it} 相互独立，u_{it} 为截面独立的面板数据。x_{it} 为最简单的存在单位根的 AR（1）过程。原假设为：x_{it} 与 y_{it} 存在协整关系，即 u_{it} 为平稳序列。在检验时我们用主成分方法得到载荷矩阵 λ_i 的估计值，再用 Bai（2004）给出的计算标准求得因子 F_t 的值。F_t 为 $r \times 1$ 维向量，不同的学者采取了不同的方法来研究共同因子 F_t 与其系数 λ_i 的平稳性。Bai et al.(2006) 仅提及了自变量 x_{it} 可能存在的因子结构，并未做进一步的研究。而 Bai et al.(2004) 和 Bai et al.(2006) 都未考虑共同因子的非平稳性问题。

Bai et al.(2009) 指出当 $F_t \sim I(0)$ 和 $e_{it} \sim I(0)$ 时，就可以保证原假设 u_{it} 为平稳序列成立，即使截面相关被忽略也是可以得到 β 的一致估计量［采用 Bai et al.(2006) 提出的两阶段完全修正估计量（2SFM），这也是 Bai et al.(2006) 未做进一步研究的原因］。此时模型形式可以调整为 $y_{it} = \mu_i + x_{it}'\beta + \lambda_i' F_t + e_{it}$，将共同因子作为随机扰动项的一部分。但是，如果 x_{it} 成分中存在平稳序列且与共同因子 F_t 相关①，则一致估计量并不能得到保证。所以，Bai et al.(2009) 着重对 $F_t \sim I(1)$ 的情形进行了研究，设

$$F_t = F_{t-1} + \eta_t \tag{3.3.5}$$

此时，若 x_{it} 与 F_t 相关，有 $x_{it} = \tau_i' F_t + \xi_{it}$，$\xi_{it}$ 为随机扰动项，且 $\xi_{it} \sim I(1)$，有

① 面板数据 x_{it} 中某一个个体序列与 F_t 存在相关关系。

$\xi_{it} = \xi_{i,\ t-1} + \zeta_{it}$ ，又 $x_{it} = x_{i,\ t-1} + \varepsilon_{it}$ ，则有

$$
\begin{aligned}
\varepsilon_{it} &= x_{it} - x_{i,\ t-1} \\
&= \tau_i'(F_t - F_{t-1}) + (\xi_{it} - \xi_{i,\ t-1}) \\
&= \tau_i'\eta_t + \zeta_{it}
\end{aligned}
\tag{3.3.6}
$$

其中，ζ_{it} 、η_t 、ε_{it} 均为白噪声序列。

这里采用与 Bai et al.(2013)、Bai et al.(2004)、Bai et al.(2006) 类似的模型进行考虑，增加了对自变量 x_{it} 的因子结构和共同因子非平稳性研究。Bai et al.(2013) 认为 x_{it} 的共同因子来自 y_{it} 的共同因子，是其变形或者一部分。由于 x_{it} 与共同因子之间可能存在相关性，因此此外引入了 x_{it} 的因子表达。当 x_{it} 与 $\lambda_i'F_t$ 相关时，构建了辅助回归，为

$$
x_{it} = A_t\lambda_i' + B_iF_t + \sum_{k=1}^{r} C_{ik}(F_{k,\ t}\lambda_{k,\ t}) + \Pi_iG_t + \xi_{it} \tag{3.3.7}
$$

其中，G_t 为不影响 y_{it} 的共同因子。模型最终被调整为

$$
\begin{aligned}
y_{it} &= \mu_i + \gamma_i t + x_{it}'\beta + u_{it} \\
u_{it} &= \lambda_i'F_t + e_{it} \\
e_{it} &= \Delta x_{it}'A_i(L) + \xi_{it}
\end{aligned}
\tag{3.3.8}
$$

若 $F_t \sim I(0)$ ，$e_{it} \sim I(0)$ ，则 $u_{it} \sim I(0)$ ，说明 x_{it} 与 y_{it} 之间存在协整关系；若 $F_t \sim I(1)$ ，但 $e_{it} \sim I(0)$ ，说明 x_{it}、y_{it}、F_t 之间存在协整关系。此时，若没有解释变量 x_{it} ，存在非平稳共同因子的面板单位根检验其实是研究 y_{it} 与 F_t 之间存在协整关系。

对模型（3.3.7）进行差分，无论 F_t 是否平稳均可以去除 F_t 对 x_{it} 的影响，而只是对 Δx_{it} 产生影响，故将 x_{it} 与扰动项 u_{it} 的相关最终表示为 $\Delta x_{it}'A_i(L)$ 形式。$A_i(L)$ 表示超前和滞后算子（lead and lag operators）的合集，总阶数为 m ，超前算子阶数为 m_1，滞后算子阶数为 m_2，我们对模型（3.3.8）进行差分以后得

$$
\Delta y_{it} = \gamma_i + \Delta x_{it}'\beta + \Delta\lambda_i'F_t + \Delta^2 x_{it}'A_i(L) + \Delta\xi_{it} \tag{3.3.9}
$$

再使用投影矩阵 M 消除线性趋势的影响，最终得到的模型形式为

$$
y_i^* = x_i^*\delta_i + f\lambda_i + z_i \tag{3.3.10}
$$

其中，$y_i^* = M\Delta y_i$， $x_i^* = [M\Delta x_i \quad M\Delta^2 x_i]$，$f = M\Delta F$，$z_i = M\Delta\xi_i$ 。我们基于 ξ_{it} 的估计量构造类 ADF 单位根辅助检验式，确定其长期方差及统计量 MSB 值来检验原假设是否成立。

3.3.2 一致性问题

本书的一致性分析是针对不同数据采用结构条件一致的检验方法。检验方法的一致性是保障检验结果可靠的必要前提条件，是在充分解析数据结构的条件下进行的。表 3.3 给出了已有研究中非平稳面板数据协整模型中共同因子的分类影响，变量定义见模型（3.3.4），具体检验方法和步骤参见原文献。A 类情形是假设截面独立的第一代面板协整检验方法；B 类情形是目前文献中最常见的存在截面相关的第二代面板协整检验，且将截面相关处理为残差项 u_{it} 的共同因子结构；D 类情形讨论了变量 x_{it} 的截面相关，且假设其因子结构 G_t 与 F_t 是无关的，故而能将其转换为与 B 类模型类似的检验过程。C 类和 E 类情形暂时没有查到相关研究文献，但 C 类情形在现实经济问题中却是存在的。当被检验的经济变量之间存在相似或具有同一共同趋势的，将可能发生共同因子效应对冲或互抵现象，使得其回归残差中并不含有类似的共同趋势。即单整变量之间的协整关系表现来自其共同趋势的推动作用，而剩余误差项并不存在截面相关。E 类情形过于复杂，有待后续进一步研究。

表 3.3　非平稳面板数据建模中共同因子的影响表现分类

类别	共同因子结构		部分主要参考文献
A	x_{it} 无共同因子	u_{it} 无共同因子	Kao（1999）、Pedroni（1999，2004）等
B	x_{it} 无共同因子	u_{it} 有共同因子 F_t	Bai et al.（2006）、Bai et al.（2009）等
C	x_{it} 有共同因子 G_t	u_{it} 无共同因子	暂无
D	x_{it} 有共同因子 G_t	u_{it} 有共同因子 F_t，x_{it} 与 F_t 有关，F_t 与 G_t 无关	Bai et al.(2013)
E	x_{it} 有共同因子 G_t	u_{it} 有共同因子 F_t，F_t 与 G_t 有关	暂无

在非平稳面板数据模型实证研究的起始阶段，我们首先要考虑的是被检验变量的平稳性，再根据平稳性结果采用合适的方法进行建模。下面我们对共同因子结构的面板协整模型进行一致性分析，为了便于问题说明，此处仅探讨双变量协整模型，并将因子结构分为无截面相关、剩余共同因子、相抵共同因子和双重共同因子四类。

3.3.2.1 无截面相关

设 $u_{it} = \rho u_{i,\ t-1} + \boldsymbol{v}_{it}$ ，$\boldsymbol{v}_{it} \sim iid(0,\ \sigma_v^2)$ ，$\boldsymbol{\varepsilon}_{it} \sim iid(0,\ \sigma_\varepsilon^2)$ ，且 u_{it} 与 $\boldsymbol{\varepsilon}_{it}$ 不相关，有

$$\Delta y_{it} = \boldsymbol{\eta}_{it},\ \Delta x_{it} = \boldsymbol{\varepsilon}_{it} \tag{3.3.11}$$

其中，$\boldsymbol{\eta}_{it} = \boldsymbol{\beta}\boldsymbol{\varepsilon}_{it} + \Delta u_{it}$ 。在原假设成立时，$\Delta u_{it} \sim I(0)$ ，有

$$E(\boldsymbol{\eta}_{it}) = E(\boldsymbol{\beta}\boldsymbol{\varepsilon}_{it} + \boldsymbol{v}_{it}) = 0$$

$$\text{var}(\boldsymbol{\eta}_{it}) = E(^{\beta}\boldsymbol{\varepsilon}_{it} + \boldsymbol{v}_{it})2 = \boldsymbol{\beta}^2\sigma_\varepsilon^2 + \sigma_v^2$$

$$\text{cov}(\boldsymbol{\eta}_{it},\ \boldsymbol{\eta}_{i,\ t-k}) = \text{cov}(\boldsymbol{\beta}\boldsymbol{\varepsilon}_{it} + \boldsymbol{v}_{it},\ \boldsymbol{\beta}\boldsymbol{\varepsilon}_{i,\ t-k} + \boldsymbol{v}_{i,\ t-k}) = 0$$

故 $\boldsymbol{\eta}_{it} \sim I(0)$ 成立。该情况可以采用模型（3.3.4）的差分形式 $\Delta y_{it} = \Delta x_{it}'\boldsymbol{\beta} + \boldsymbol{v}_{it}$ 进行参数估计，以得到系数 $\boldsymbol{\beta}$ 的一致估计量。在无截面相关情形下截面独立的面板单位根检验和协整检验是一致的，不存在一致性问题。在实证研究中，我们应采用常用的 LLC 和 IPS 面板单位根检验来进行平稳性判断，若序列 x_{it} 和 y_{it} 均为一阶单整序列，则应再采用截面独立的面板协整检验方法（Kao 检验、Pedroni 检验等）。

3.3.2.2 剩余共同因子

设 $u_{it} = \boldsymbol{\lambda}_i'F_t + \boldsymbol{v}_{it}$ ，$\boldsymbol{v}_{it} \sim iid(0,\ \sigma_v^2)$ ，$\boldsymbol{\varepsilon}_{it} \sim iid(0,\ \sigma_\varepsilon^2)$ ，且 $\boldsymbol{v}_{it}$ 与 $\boldsymbol{\varepsilon}_{it}$ 不相关，有

$$\Delta y_{it} = \boldsymbol{\eta}_{it},\ \Delta x_{it} = \boldsymbol{\varepsilon}_{it} \tag{3.3.12}$$

其中，$\boldsymbol{\eta}_{it} = \boldsymbol{\beta}\boldsymbol{\varepsilon}_{it} + \boldsymbol{\lambda}_i'\Delta F_t + \Delta \boldsymbol{v}_{it}$ 。在原假设成立时，$\Delta u_{it} \sim I(0)$ ，有

$$E(\boldsymbol{\eta}_{it}) = E(\boldsymbol{\beta}\boldsymbol{\varepsilon}_{it} + \boldsymbol{\lambda}_i'\Delta F_t + \boldsymbol{v}_{it}) = E(\boldsymbol{\lambda}_i'\Delta F_t)$$

$$\text{var}(\boldsymbol{\eta}_{it}) = E\ (\boldsymbol{\beta}\boldsymbol{\varepsilon}_{it} + \boldsymbol{\lambda}_i'\Delta F_t + \boldsymbol{v}_{it})^2 = \boldsymbol{\beta}^2\sigma_\varepsilon^2 + \sigma_v^2 + \text{var}(\boldsymbol{\lambda}_i'\Delta F_t)$$

$$\begin{aligned}\text{cov}(\boldsymbol{\eta}_{it},\ \boldsymbol{\eta}_{i,\ t-k}) &= \text{cov}(\boldsymbol{\beta}\boldsymbol{\varepsilon}_{it} + \boldsymbol{\lambda}_i'\Delta F_t + \boldsymbol{v}_{it},\ \boldsymbol{\beta}\boldsymbol{\varepsilon}_{i,\ t-k} + \boldsymbol{\lambda}_i'\Delta F_{t-k} + \boldsymbol{v}_{i,\ t-k}) \\ &= \text{cov}(\boldsymbol{\lambda}_i'\Delta F_t,\ \boldsymbol{\lambda}_i'\Delta F_{t-k})\end{aligned}$$

此时，$\boldsymbol{\eta}_{it} \sim I(0)$ 是否成立与共同因子项 $\boldsymbol{\lambda}_i'F_t$ 紧密相关，且不满足截面独立单位根检验的要求，该情况在实证研究中不可以直接采用 LLC 和 IPS 面板单位根检验进行平稳性判断。此时模型（3.3.4）的差分形式为 $\Delta y_{it} = \Delta x_{it}'\boldsymbol{\beta} + \Delta \boldsymbol{v}_{it} + \boldsymbol{\lambda}_i'\Delta F_t$ ，因为 $\boldsymbol{\lambda}_i'\Delta F_t$ 的具体形式难以确定，所以常规估计方法下得不到系数 $\boldsymbol{\beta}$ 的一致估计量。常用的处理办法是先用主成分分析估计出 $\boldsymbol{\lambda}_i'\Delta F_t$ ，然后在模型（3.3.4）两侧乘以投影矩阵去除共同因子项 $\boldsymbol{\lambda}_i'\Delta F_t$ 或者使用代理变量退因子（defactors）技术去除 $\boldsymbol{\lambda}_i'\Delta F_t$ ，将模型转换为不存在共同因子的情形，再进行估计与检验。

因 $\Delta y_{it} = \boldsymbol{\beta}\boldsymbol{\varepsilon}_{it} + \boldsymbol{\lambda}_i'\Delta F_t + \Delta \boldsymbol{v}_{it}$ ，$\Delta x_{it} = \boldsymbol{\varepsilon}_{it}$ ，其 ADF 形式为

$$\Delta y_{it} = \rho y_{i,\ t-1} + \lambda_i^{'}\Delta F_t + \beta\varepsilon_{it} + \Delta\upsilon_{it}\ ,\ \Delta x_{it} = \rho x_{i,\ t-1} + \varepsilon_{it} \qquad (3.3.13)$$

检验面板数据 x_{it} 和 y_{it} 是否为单位根过程的原假设为 $H_0: \rho = 0$。所以，在实证研究中，我们首先应采用截面相关检验确认面板数据是否存在截面相关，若存在共同因子结构就需要采用带共同因子的面板单位根检验来确认其平稳性；若截面独立就需要采用截面独立的面板单位根检验来确认其平稳性。若序列 x_{it} 和 y_{it} 均为一阶单整序列，且是剩余共同因子结构，协整检验式为

$$y_{it} = \mu_i + x_{it}^{'}\beta + \lambda_i^{'}F_t + \upsilon_{it} \qquad (3.3.14)$$

我们应采用共同因子的面板协整检验方法对模型（3.3.14）进行进一步检验。对于模型（3.3.14），若 $\lambda_i^{'}F_t$ 平稳，则检验的是 x_{it} 和 y_{it} 之间的协整关系；若 $\lambda_i^{'}F_t$ 非平稳，则检验的是 $\lambda_i^{'}F_t$ 和 x_{it}、y_{it} 三变量之间的协整关系。如模型（3.3.13）所示，若是截面相关的面板数据采用了截面独立的单位根检验，因 $\lambda_i^{'}\Delta F_t$ 形式未定，不能保证 ρ 的估计量是一致估计量，将导致单位根检验结果失效。在理论模型（3.3.14）中，随机扰动项 u_{it} 中的共同因子主要来源于变量 y_{it}，而变量 x_{it} 并未受到共同因子的影响，这也是当前研究中最常见的情形，即表 3.3 中的 B 类情形。

3.3.2.3 相抵共同因子

设 $x_{it} = x_{i,\ t-1} + \gamma_i^{'}G_t + \varepsilon_{it}$，协整检验式为

$$\Delta y_{it} = \beta\Delta x_{it} + \Delta u_{it} \qquad (3.3.15)$$

其中，$\Delta y_{it} = \beta\gamma_i^{'}G_t + \beta\varepsilon_{it} + \Delta u_{it}$，$\Delta x_{it} = \gamma_i^{'}G_t + \varepsilon_{it}$，此时应采用带共同因子的面板单位根检验方法确认变量的平稳性。在该情形下，被检验变量均有共同因子 $\gamma_i^{'}G_t$，而回归残差 u_{it} 里没有共同因子，不宜采用带共同因子的协整检验方法。正如表 3.3 里的 C 类情形，目前文献里暂无讨论。在 C 类情形里，被检验变量的共同因子发生了抵消或对冲效应，这对协整回归方程的随机扰动项却没有产生明显的影响作用。在理论模型（3.1.15）中，变量 x_{it} 的共同因子 G_t 也是变量 y_{it} 的共同因子，且其相互作用以后并没有对剩余扰动项 u_{it} 产生影响。在实证研究中，该现象一般出现在被研究变量同时受同一冲击或趋势的影响时。

由此可见，此情形下带共同因子的面板单位根检验和协整检验并不具有一致性，存在检验方法不一致问题。分析表明，此时我们需要对被检验变量 x_{it}、y_{it} 及其回归残差做截面相关检验，当协整方程的随机扰动项存在共同因子时，应采用已有的带共同因子的面板协整检验是适宜的，但是若被检验变量存在相同的共同因子结构而随机扰动项不存在共同因子时，则应采用截面独立的面板协整检验。

3.3.2.4　双重共同因子

设 $u_{it}=\lambda_i'F_t+v_{it}$，$v_{it}\sim i.i.d\,N(0,\sigma_v^2)$，$x_{it}=x_{i,t-1}+\gamma_i'G_t+\varepsilon_{it}$，$\varepsilon_{it}\sim i.i.d\,N(0,\sigma_\varepsilon^2)$，且 v_{it} 与 ε_{it} 不相关，有

$$\Delta y_{it}=\beta\gamma_i'G_t+\beta\varepsilon_{it}+\lambda_i'\Delta F_t+\Delta v_{it},\ \Delta x_{it}=\gamma_i'G_t+\varepsilon_{it} \tag{3.3.16}$$

设 $\eta_{it}=\beta\gamma_i'G_t+\beta\varepsilon_{it}+\lambda_i'\Delta F_t+\Delta v_{it}$，在原假设成立时，$\Delta u_{it}\sim I(0)$，有

$$E(\eta_{it})=E(\beta\gamma_i'G_t+\beta\varepsilon_{it}+\lambda_i'\Delta F_t+\Delta v_{it})=E(\lambda_i'\Delta F_t)+\beta E(\gamma_i'G_t)$$

$$\begin{aligned}\operatorname{var}(\eta_{it})&=E\,(\beta\gamma_i'G_t+\beta\varepsilon_{it}+\lambda_i'\Delta F_t+\Delta v_{it})^2\\&=\beta^2\sigma_\varepsilon^2+\sigma_v^2+\operatorname{var}(\lambda_i'\Delta F_t)+\operatorname{var}(\gamma_i'G_t)\end{aligned}$$

$$\begin{aligned}\operatorname{cov}(\eta_{it},\eta_{i,t-k})&=\operatorname{cov}(\beta\gamma_i'G_t+\beta\varepsilon_{it}+\lambda_i'\Delta F_t+\Delta v_{it},\ \beta\gamma_i'G_t+\beta\varepsilon_{it}\\&\quad+\lambda_i'\Delta F_t+\Delta v_{it})\\&=\operatorname{cov}(\lambda_i'\Delta F_t,\ \lambda_i'\Delta F_{t-k})+\beta^2\operatorname{cov}(\gamma_i'G_t,\ \gamma_i'G_{t-k})\end{aligned}$$

变量 ADF 型检验式为

$$\begin{aligned}\Delta y_{it}&=\rho y_{i,t-1}+\beta\gamma_i'G_t+\beta\varepsilon_{it}+\lambda_i'\Delta F_t+\Delta v_{it}\\\Delta x_{it}&=\rho x_{i,t-1}+\gamma_i'G_t+\varepsilon_{it}\end{aligned} \tag{3.3.17}$$

平稳性检验的原假设为 $H_0:\rho=0$。η_{it} 的平稳性受到双重因子 G_t 和 ΔF_t 的影响，常用的处理办法是先用主成分分析估计出 $\lambda_i'\Delta F_t$，然后使用退因子技术去除影响，将模型转换为不存在共同因子的情形，再进行估计与检验。该处理方式里比较麻烦的是因子 G_t 和 F_t 是否存在相关关系。Bai et al.(2013) 研究了此种情形，即表3.3中的情形D，且假设变量自带的共同因子 G_t 与回归残差的共同因子 F_t 之间完全独立。本书沿用此假设。

协整检验式为

$$\Delta y_{it}=\beta\Delta x_{it}+\lambda_i'\Delta F_t+\Delta v_{it} \tag{3.3.18}$$

此时我们需要对 x_{it}、y_{it}、F_t 三者之间的协整关系进行检验，以判断它们是否存在协整关系。若 F_t 是平稳序列，则由 u_{it} 的平稳性来确定 x_{it} 和 y_{it} 之间是否存在协整关系；若 F_t 是非平稳的，则由 v_{it} 的平稳性来确定 x_{it}、y_{it}、F_t 之间的协整关系。当然，若 x_{it}、y_{it}、F_t 之间存在协整关系也并不表示 x_{it} 和 y_{it} 存在协整关系（Bai et al.，2009）。

由此可见，在双重共同因子结构情形下面板单位根检验和协整检验是一致的，不存在一致性问题，但可能让人无法判定协整关系是否存在。模型(3.3.17) 表明被检验变量 x_{it}、y_{it} 之间的共同因子有重叠但是影响效应不一样，此时应采用带共同因子的面板单位根检验确认其平稳性，再采用带共同因子的面板协整检验确认其长期均衡关系。

以上面板协整检验应用情况总结如表 3.4 所示。

表 3.4 共同因子结构下面板协整检验分类说明

类型	x_{it}	y_{it}	F_t	u_{it}	URT	CT	(x_{it} , y_{it}) 是否协整	共同因子 结构
I	(I, N)	(I, N)	-	(S, N)	NCSD NCSD	NCSD	可以确定	无
II*	(I, N)	(I, CF)	I (0)	(S, CF)	NCSD CSDF	CSDF	可以确定	剩余
III*	(I, N)	(I, CF)	I (1)	(S, CF)	NCSD CSDF	CSDF	无法确定	剩余
IV**	(I, CF)	(I, CF)	I (0) &I (1)	(S, N)	CSDF CSDF	NCSD	可以确定	相抵
V	(I, CF)	(I, CF)	I (0)	(S, CF)	CSDF CSDF	CSDF	可以确定	双重
VI	(I, CF)	(I, CF)	I (1)	(S, CF)	CSDF CSDF	CSDF	无法确定	双重

注："-"表示不存在，NCSD（non-cross-sectional dependence）表示截面独立情形，CSDF 表示截面相关情形下的共同因子结构。URT 表示面板单位根检验，CT 表示协整检验，下方对应的值分别为被检验变量的检验形式。(S, N) 表示不存在截面相关的平稳过程，(I, N) 表示不存在截面相关的单位根过程，(S, CF) 表示存在共同因子的平稳过程，(I, CF) 表示存在共同因子的单位根过程，其中 S 代表平稳的，I 表示 1 阶单整 I (1)，CF（common factor）表示共同因子。I (0) 表示平稳，I (1) 表示一阶单整即非平稳。"*""**"表示不一致的程度，一致是指在单位根检验与协整检验时检验式数据结构的前后一致性。

在第 II、III、IV 情形下均出现了检验的不一致问题，且第 IV 情形最为突出，在其余情形下检验是一致的。在第 II、III 情形中，单变量检验时需要根据面板数据是否存在共同因子而采取不同的单位根检验方法，但均使用带共同因子的面板协整检验。在第 IV 情形中，虽然单变量都是使用带共同因子的单位根检验，但是因为共同因子的抵消效应，所以后使用的是截面独立的面板协整检验方法。在第 III 和 VI 情形下，由于共同因子也是非平稳序列，所以协整关系难以确定，关于该情形的具体讨论见 Bai et al.(2009) 的文献。分析表明，若被检验变量相互作用时抵消了共同因子，那么截面独立的协整检验方法是适宜的；若被检验变量相互作用，反而增强了共同因子的影响，则截面相关的协整检验方法是适宜的。

表 3.4 给出了实证研究中构建非平稳面板数据模型的简要思路和过程。首先，我们应对被检验变量、回归残差进行截面相关检验，根据相关与否采用不同的单位根检验方法，再根据单整情况采用不同的面板协整检验方法。

但是，如前说明，截面相关情形的面板单位根检验与协整检验需要较好的编程能力才能运用，这给实证研究带来了诸多困难，下一章将针对交互效应和一致性问题提出更实用的检验方法。当然，因为研究能力有限，这里并没有讨论共同因子之间的相关性，以及增强、冲抵效应的发生机制与影响路径，也没有对结构变化的联动效应进行深入探讨。

4　面板协整检验的因子互冲与串行效应

经过近二十年的发展，面板协整检验已成为宏观、微观实证研究的主要方法之一，被广泛地运用于经济、金融、管理等问题研究。第 2、3 章中研究的交互效应和一致性问题正影响着面板协整检验的应用。本章将在交互效应和一致性问题的基础上给出特殊情形下的面板协整检验方法，即分别以因子互冲（factors counteraction）和串行效应（serial interaction effect）影响为主要研究对象，以期促进协整理论与应用的进一步结合。非线性协整是指协整关系为非线性的，即数据结构发生了改变，主要分析共同因子影响下结构变化面板协整检验。

4.1　检验的应用问题

自 Engle et al.(1987) 提出协整检验理论以后，协整检验理论很快得到了大量实证研究与深一步的理论分析，在百度学术上搜索显示其引用量已达 2.4 万条，连研究协整向量统计性质的 Johansen（1988）的引用量都有 1.3 万条，而最早探讨面板协整检验的 Kao（1999）和较早分析截面相关面板单位根检验和协整检验的 Bai et al.(2004) 的引用量均不足 0.2 万条。此处仅为了对比说明检验方法简明实用的可推广性和检验结果经济分析的契合性，并不能否认或弱化面板协整检验的开创性研究工作和学术引领作用。

下面将给出面板协整检验应用分析的部分观点。

第一，E-G 协整检验理论具有开创性引领作用，更为重要的是，其理论思路清晰简明。非平稳序列直接建模回归将得到非平稳的回归结果，产生伪回归现象，但是变量之间的某些线性关系却能使其得到平稳的回归结果，较完美地解决了非平稳序列建模问题。然而，面板协整检验却因为面板数据结构的特殊性越来越复杂多变。尽管理论上研究者已经对截面相关、结构变化等情形进行了深入研究，但是模型构建、参数估计、假设检验并没有形成系统化的教学内容，理论研究被应用的概率并没有大幅增长。

第二，因为简单、实用、有效的特征，E-G 协整检验得到了广泛运用，而 Kao 检验和 BN 检验因其复杂的统计量和繁杂的计算过程难以得到拓展推广，其原因不是检验方法无效，而是应用过程过于困难，且存在诸多假设约束条件和检验前提，使得不具备较好编程能力的科研人员很难将现有方法应用到实证中。目前，E-G 检验两步法已成为国内计量经济学教科书的主要内容之一，本科生在实证研究过程中采用最简单的 EViews 软件就能完成其检验、估计过程。

第三，非平稳时间序列模型不存在截面相关问题，其理论研究比非平稳面板数据模型要简单许多。而目前多是采用共同因子的方式处理截面相关。因子提取、权重估计等产生了新的误差，因子的平稳性又影响着被检验变量的协整关系（见表 3.4），成为协整关系检验的一大未知因素。

第四，检验结果真伪难辨。用错检验方法将导致伪检验结果，使检验无效，但是如果采用了相似的检验方法，得到了真检验结果，却很难解释现实经济关系，这就产生真检验伪分析了。我们需要逐一去判断细分经济数据的真实结构，从而采用更符合实际逻辑关系的建模方法。

第五，理论与应用的计算脱节。理论研究提出的数据生成过程、估计方法、检验统计量等与实际应用时面临的数据结构存在较大差异，产生了检验方法应用的一致性问题，致使理论与实践部分脱节。

当然，考虑到本章将主要针对以上问题进行进一步的探讨研究，此处不再一一提及更多的应用问题。前面提出的交互效应和一致性问题是已有理论研究中尚未探及的部分，但却是实证研究中可能遇到的数据结构类型。应用数据与理论模型的契合、检验统计量的计算、检验方法的应用是下面着重研究的内容。因子互冲面板协整检验重在对共同因子作用下的伪检验情形进行分析，串行效应面板协整检验重在对共同因子与结构变化串行影响下的真检验伪分析进行研究。

4.2 因子互冲的面板协整检验

在表 3.4 中对带共同因子的面板单位根检验与协整检验进行分析，发现在无截面相关和双重因子结构下检验方法不存在一致性问题，但是在单一共同因子结构下却存在不一致现象，究其原因，主要是当被检验变量存在同样的共同因子时因子作用发生了互相抵消、互相冲抵（counteraction）现象，致使随机扰动项不存在截面相关。该现象在实际经济问题中并不少见，比如外汇政策、全球一体化、贸易多元化等共同因素对进出口贸易产生共同冲击，货币财政政策对利率、汇率的共同影响，通货膨胀率对居民收入、居民消费的共同作用等，但并没有对回归扰动项有明显影响作用，此时随机扰动项是截面不相关的。因子互冲情形下，共同因子的作用反而被弱化，进而抵消。下面本书将针对这一现象提出理论模型及其检验统计量，最后给出实证研究结论。

4.2.1 基本模型

因子互冲面板协整检验的基本模型形式为

$$
\begin{aligned}
y_{it} &= \mu_i + x_{it}'\beta_i + u_{it} \\
x_{it} &= \alpha_{11i} + \alpha_{12i}t + \gamma_i{}'G_t + \varepsilon_{it} \\
y_{it} &= \alpha_{21i} + \alpha_{22i}t + \lambda_i{}'F_t + \eta_{it}
\end{aligned}
\qquad (4.2.1)
$$

其中，x_{it} 和 y_{it} 为带共同因子的被检验变量。G_t 和 F_t 分别为共同因子，γ_i 和 λ_i 分别为因子的载荷系数。μ_i 为常数项，β_i 为斜率系数，u_{it} 为随机扰动项，$u_{it} \sim I(0)$ 表示变量 x_{it} 和 y_{it} 存在协整关系。随机扰动项的数据过程为

$$(1 - \rho_i L)u_{it} = D_i(L)v_{it} \qquad (4.2.2)$$

若$\rho_i = 1$，则 u_{it} 为非平稳序列，若 $|\rho_i| < 1$，u_{it} 为平稳序列。原假设不存在协整关系，等价于原假设为 $H_0: \rho_i = 1$。

根据 E-G 协整检验理论的基本思想，同阶单整序列可以进行协整检验，所以因子互冲模型中变量 x_{it} 和 y_{it} 为带共同因子的一阶单整序列。模型（4.2.1）不同于第 3 章给出的协整检验模型形式，而属于表 3.3 中的 C 类情形、表 3.4 中的 IV 情形。它与传统设置的面板协整模型最大的区别在于共同因子仅对数据本身产生影响，但不会对回归残差项产生显著影响，同时也正因为有这样的共同因子才使得变量存在协整关系。接受原假设，u_{it} 为单位根过程，x_{it} 和 y_{it} 不存在协整关系；拒绝原假设，u_{it} 为平稳过程，x_{it} 和 y_{it} 存在协整关系。

假设 1：对于非随机的系数 γ_i 和 λ_i，有 $\|\gamma_i\| \leq M$，$\|\lambda_i\| \leq M$，$\|A\| = trace(A'A)^{1/2}$，M 为小于无穷大的正数。对于随机的系数 γ_i 和 λ_i，有 $E\|\gamma_i\|^4 \leq M$，$E\|\lambda_i\|^4 \leq M$。

假设 2：对每一个 i，$v_{it} \sim iid(0, \sigma_{vi}^2)$，$\sum_{j=0}^{\infty} j|D_{ij}| < \infty$，$D_i(1)^2\sigma_{vi}^2 > 0$。

假设3：$w_{it}^{(1)}=(F_t', \eta_{it}, v_{it}')'$，$w_{it}^{(2)}=(G_t', \varepsilon_{it}, v_{it}')'$。对每一个截面 i，定义 $w_{it}^{(h)}=\Pi_i^{(h)}(L)\iota_{it}^{(h)}=\sum_{j=0}^{\infty}\Pi_{ij}^{(h)}\iota_{i,t-j}^{(h)}$，$h=1, 2$，$\sum_{j=0}^{\infty}j\Pi_{ij}^{(h)}<\infty$，$E(\iota_{it}^{(h)})=0$，$E(\iota_{it}^{(h)}\iota_{it}^{(h)\prime})=\Sigma_{\iota^{(h)}}=\mathrm{I}>0$，$E\|\iota_{it}^{(h)}\|^8\leqslant M<\infty$，$\forall i, j, t$ 有 $\iota_{it}^{(h)}$ 与 γ_j 和 λ_j 不相关。其中

$$
\Pi_{\mathrm{i}}^{(1)}(\mathrm{L})=\begin{bmatrix}\Pi_i^{FF}(L) & \Pi_i^{F\eta}(L) & \Pi_i^{Fv}(L)\\ \Pi_i^{\eta F}(L) & \Pi_i^{\eta\eta}(L) & \Pi_i^{\eta v}(L)\\ \Pi_i^{vF}(L) & \Pi_i^{v\eta}(L) & \Pi_i^{vv}(L)\end{bmatrix}
$$

$$
\Pi_{\mathrm{i}}^{(2)}(\mathrm{L})=\begin{bmatrix}\Pi_i^{GG}(L) & \Pi_i^{G\varepsilon}(L) & \Pi_i^{Gv}(L)\\ \Pi_i^{\varepsilon G}(L) & \Pi_i^{\varepsilon\varepsilon}(L) & \Pi_i^{\varepsilon v}(L)\\ \Pi_i^{vG}(L) & \Pi_i^{v\varepsilon}(L) & \Pi_i^{vv}(L)\end{bmatrix},\ \iota_{it}^{(1)}=\begin{bmatrix}\iota_{it}^{(F)}\\ \iota_{it}^{(\eta)}\\ \iota_{it}^{(v)}\end{bmatrix},\ \iota_{it}^{(2)}=\begin{bmatrix}\iota_{it}^{(G)}\\ \iota_{it}^{(\varepsilon)}\\ \iota_{it}^{(v)}\end{bmatrix}
$$

但 η_{it} 有可能也会受到共同冲击①，比如 $\eta_{it}=a_iF_t+b_{it}$，此时 a_i 为独立同分布的0均值变量，b_{it} 为零均值的随机变量。有

$$
\frac{1}{\sqrt{NT}}\sum_{i=1}^{N}\sum_{t=1}^{T}\eta_{it}=\left(\frac{1}{\sqrt{N}}\sum_{i=1}^{N}a_i\right)\left(\frac{1}{\sqrt{T}}\sum_{t=1}^{T}F_t\right)+\frac{1}{\sqrt{NT}}\sum_{i=1}^{N}\sum_{t=1}^{T}b_{it}
$$

$$
=O_p(1),\ \frac{1}{N}\sum_{i=1}^{N}\eta_{it}\xrightarrow{P}0
$$

同理，将上式中的 F_t 换成 G_t，η_{it} 换成 ε_{it} 假设亦成立，

假设4：F_t 和 η_{it} 是不相关的，F_t 和 v_{it} 是不相关的，G_t 和 ε_{it} 是不相关的，v_{it}、η_{it} 与 ε_{it} 是截面独立的。

假设5：因 F_t 与 G_t 为由同样的冲击形成的共同因子，γ_i 和 λ_i 刻画了不同个体对共同因子的反应，$\gamma_i'G_t$ 与 $\lambda_i'F_t$ 之间存在线性关系，并进一步假设共同因子为平稳序列。

4.2.2 估计与检验

当原假设成立时，u_{it} 为平稳序列，有

$$
\tilde{\beta}_{i,LS}=\left[\sum_{t=1}^{T}(x_{it}-\bar{x}_i)(x_{it}-\bar{x}_i)'\right]^{-1}\sum_{t=1}^{T}(x_{it}-\bar{x}_i)y_{it} \tag{4.2.3}
$$

该估计量是一致估计量。但是，当原假设成立时，u_{it} 为非平稳序列，β_i 的一致估计量不存在。因此我们需要对模型（4.2.1）进行处理。

---

① BAI J S, C KAO, S NG. Panel Cointegration with Global Stochastic Trends [J]. Journal of Econometrics, 2009, 149 (1): 82-99.

4.2.2.1　参数估计

在处理因同因子时，我们首先要使用主成分分析法和 Bai et al.(2002) 的方法对变量 x_{it} 和 y_{it} 求出共同因子 F_t 和 G_t，载荷系数 λ_i 和 γ_i。$\hat{f}_t$ 是因子去势向量 f_t 的主成分估计，即 $\hat{f}_t$ 是矩阵 yy' 前 K 个特征根对应的特征向量乘以 $\sqrt{T-1}$ 的 $(T-1)\times K$ 矩阵，因子载荷系数的估计 $\lambda_i = y'f_t/(T-1)$，同理，我们可以求出 G_t 和 γ_i。

我们对方程 $x_{it}=\alpha_{11i}+\alpha_{12i}t+\gamma_i{}'G_t+\varepsilon_{it}$，$y_{it}=\alpha_{21i}+\alpha_{22i}t+\lambda_i{}'F_t+\eta_{it}$ 进行退因子、退趋势处理，具体如下

$$x_{it}^{*}=\varepsilon_{it},\ y_{it}^{*}=\eta_{it} \tag{4.2.4}$$

其中，$x_{it}^{*}=x_{it}-\alpha_{11i}-\alpha_{12i}t-\gamma_i{}'G_t$，$y_{it}^{*}=y_{it}-\alpha_{21i}-\alpha_{22i}t-\lambda_i{}'F_t$。

根据假设 3，我们对变量 x_{it} 和 y_{it} 分别去除共同因子的作用，生成新的变量 x_{it}^{*} 和 y_{it}^{*} 是可行的。构成新的回归模型

$$y_{it}^{*}=x_{it}^{*}{}'\beta_i+\mu_i^{*}+\alpha_{2i}^{*}t+CF_{it}+u_{it} \tag{4.2.5}$$

其中 $CF_{it}=\beta_i{}'\gamma_i{}'G_t-\lambda_i{}'F_t$。

我们再根据假设 5 中 $\gamma_i{}'G_t$ 与 $\lambda_i{}'F_t$ 之间存在线性关系，设 $\lambda_i{}'F_t=\varphi_i'\gamma_i{}'G_t+\varpi_{it}$，得

$$CF_{it}=(\beta_i{}'-\varphi_i')\gamma_i{}'G_t+\varpi_{it}$$

其中，$\varpi_{it}\sim WN(0,\sigma_{\varpi}^{2})$。系数约束性条件 $\beta_i-\varphi_i=0$ 成立，则说明模型 (4.2.5) 的回归残差中不存在共同因子结构。

若 $\alpha_{2i}^{*}=0$，模型（4.2.5）为带截距项的回归模型，取差分得

$$\Delta y_{it}^{*}=\Delta x_{it}^{*}{}'\beta_i+\Delta u_{it} \tag{4.2.6}$$

在原假设 H_0：$\rho_i=1$ 成立时，$\Delta u_{it}\sim I(0)$。定义 $y_{it}^{**}=\Delta y_{it}^{*}$，$x_{it}^{**}=\Delta x_{it}^{*}$，$z_{it}=\Delta u_{it}$，有

$$y_{it}^{**}=x_{it}^{**}{}'\beta_i+z_{it} \tag{4.2.7}$$

若模型（4.2.1）中含有趋势项，表现为式（4.2.5）中 $\alpha_{2i}^{*}\neq 0$。当 $\alpha_{2i}^{*}\neq 0$ 时，模型（4.2.5）为带趋势项的回归模型，对差分后的序列再进行去均值，得

$$\Delta y_{it}^{*}-\overline{\Delta y_i^{*}}=(\Delta x_{it}^{*}-\overline{\Delta x_i^{*}})'\beta_i+\Delta u_{it}-\overline{\Delta u_i} \tag{4.2.8}$$

定义 $y_{it}^{**}=\Delta y_{it}^{*}-\overline{\Delta y_i^{*}}$，$x_{it}^{**}=\Delta x_{it}^{*}-\overline{\Delta x_i^{*}}$，$z_{it}=\Delta u_{it}-\overline{\Delta u_i}$，有

$$y_{it}^{**}=x_{it}^{**}{}'\beta_i+z_{it}$$

结合式（4.2.4）和假设 3 对模型（4.2.6）和（4.2.8）进行最小二乘估计能得到参数 β_i 的一致估计量，为：

$$\tilde{\beta}_{i,LS} = \left[\sum_{t=1}^{T} (\Delta x_{it}^{*} - \Delta \bar{x}_{i}^{*})(\Delta x_{it}^{*} - \Delta \bar{x}_{i}^{*})' \right]^{-1} \sum_{t=1}^{T} (\Delta x_{it}^{*} - \Delta \bar{x}_{i}^{*}) \Delta y_{it}^{*} \tag{4.2.9}$$

有 $\hat{z}_{it} = y_{it}^{**} - x_{it}^{**\prime} \hat{\beta}_{i,LS}$。此处借鉴 Bai et al.(2004) 检验序列的构建方式，定义

$$\xi_{it} = \sum_{s=2}^{t} \hat{z}_{is} \tag{4.2.10}$$

此时 ξ_{it} 与 u_{it} 同阶，对 u_{it} 进行平稳性检验等价于对 ξ_{it} 进行平稳性检验。

4.2.2.2　平稳性检验

由于序列 ξ_{it} 为不存在截面相关的面板数据，模型（4.2.1）考虑的又是异质面板协整模型，此外可以参考 IPS 面板单位根检验来判别序列 ξ_{it} 的平稳性。检验式为

$$\xi_{it} = \alpha_i + \rho_i \xi_{i,t-1} + \sum_{j=1}^{p_i} \varphi_{ij} \Delta \xi_{i,t-1} + \tau_{it} \tag{4.2.11}$$

原假设为 H_0：$\forall i$，$\rho_i = 1$，备择假设为 H_1：$\exists i$，$\rho_i < 1$。ADF 型检验式为

$$\Delta \xi_{it} = \alpha_i + (\rho_i - 1) \xi_{i,t-1} + \sum_{j=1}^{p_i} \varphi_{ij} \Delta \xi_{i,t-1} + \tau_{it}$$

原假设为 H_0：$\forall i$，$\rho_i - 1 = 0$。检验统计量为

$$\bar{t}_{NT} = \frac{1}{N} \sum_{i=1}^{N} t_{iT} \tag{4.2.12}$$

其中，t_{iT} 为个体 ADF 检验统计量。在 IPS 检验中，假设 t_{iT} 是独立同分布的，且有有限的均值和方差。因为序列 ξ_{it} 借用 IPS 检验的构建原理，其临界值表直接采用正态分布临界值表即可。检验统计量 $\bar{t}_{NT}$ 的极限分布为正态分布，有

$$\bar{Z}_{NT} = \frac{\sqrt{N}\left[\bar{t}_{NT} - N^{-1} \sum_{i=1}^{N} E(t_{iT})\right]}{\sqrt{N^{-1} \sum_{i=1}^{N} Var(t_{iT})}} \overset{N}{\Rightarrow} N(0,\ 1)$$

4.2.2.3　检验说明

在已有研究成果的基础上，本节给出了因子互冲情形下的面板协整检验方法，将截面相关通过退因子处理转换为了截面独立的情形，并应用较为成熟的 IPS 检验统计量进行平稳性检验，完善了表 3.2.1 中的研究范围与对象，使研究方法和思路有较好的应用价值。在实际应用过程中，任何一种检验方法都有一定的适应范围，其在满足假设范围内的检验功效较好，当然因子互冲的面板协整检验也不例外。该方法的适应范围条件有：第一，被检验变量 x_{it} 和 y_{it} 是存在相似共同因子结构的同阶单整面板数据，且共同因子之间存在线性关系；

第二，被检验变量回归残差 u_{it} 不存在截面相关，或者共同因子对回归残差的影响并不显著。

在满足以上两个条件的情况下，我们可以采用以下检验步骤进行面板协整检验：

（1）采用主成分分析计算出变量 x_{it} 和 y_{it} 的共同因子及其载荷系数；

（2）根据式（4.2.4）求出退因子的变量序列 x_{it}^* 和 y_{it}^*；

（3）根据式（4.2.9）求出协整系数 $\hat{\beta}_{LS}$，再利用式（4.2.10）求出无截面相关的变量 ξ_{it}；

（4）根据式（4.2.11）和式（4.2.12）对序列 ξ_{it} 进行单位根检验。若 $\xi_{it} \sim I(1)$，则接受原假设，认为变量 x_{it} 和 y_{it} 之间不存在协整关系，反之则认为存在协整关系。

4.2.3 实证研究

为了验证说明因子互冲面板协整检验的可行性，本书选取我国经济增长和电量数据为研究对象。在信息现代化迅猛发展的21世纪，人们的生产生活离不开电力，电力已成为经济发展的动力源泉，为各地区、各行业的全面发展提供能源供给和动力支持。诸多研究表明，经济增长与电力消费之间存在长期均衡关系。作为社会经济发展的能源基础，工业生产、居民生活、金融贸易、网络交通等全都离不开电，电的消耗量随着社会进步、经济发展逐年增加，呈现出与经济增长相似的发展趋势。全社会固定投资的增加、居民消费的增长、对外贸易总额的提升等因素在促进地区经济稳步增长的同时，也加速了社会对电力的消耗。可以说，促进经济增长和增加电力消耗总是存在一些共同的驱动因素，比如居民消费、固定投资、对外贸易等，这些共同因素的表现可以用模型里的共同因子予以表达。那么，我国经济增长与电力消耗之间的共同因素是否是3.3.2小节和4.2.1小节中讨论的一致性问题呢？这些共同因素在回归以后是否还将存在残差呢？下面将针对这些问题进行实证研究。

本书数据来源于《中国统计年鉴（2000—2016）》，样本区间为1999—2015年，截面为30个省（自治区、直辖市），经济增长指标采用地区生产总值的实际值（单位为亿元），用电量指标采用电力消费量（单位为亿千瓦时）。因为电力消费和经济增长之间可以采用生产函数来进行拟合（林伯强，2003），所以此处将采取数据的对数形式进行分析。分地区面板数据见图4.1。图中的面板数据按照地区进行排列，电力消耗的数据用 x 表示，经济增长的数据用 y 表示，第一行从左往右分别是安徽、北京、重庆、福建、甘肃、广东，第二到第五行依次为广西、贵州、海南、河北、黑龙江、河南，湖北、湖南、江苏、江西、吉林、辽宁，内蒙古、宁夏、青海、山东、上海、陕西，山西、四川、天津、新疆、云南、浙江。从图 4.1 可以发现，每个地区电力消耗与经济增长之间存在较大相似性。

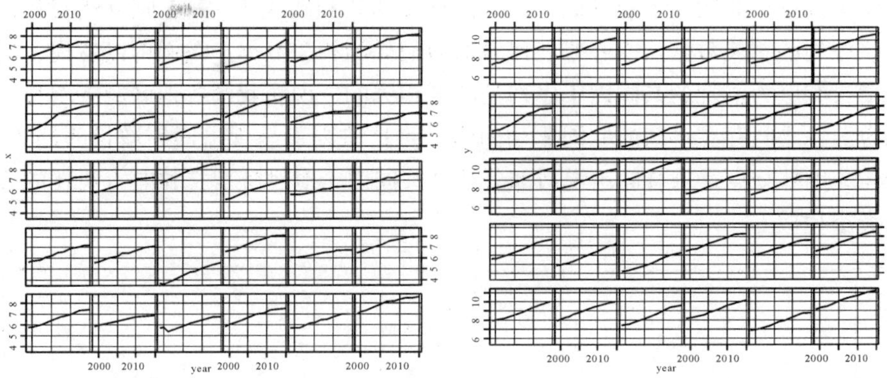

图 4.1　中国 30 个省（自治区、直辖市）电力消费量与经济增长量的对数值

4.2.3.1　模型初识

在实证分析时，我们采取“截面相关检验—面板单位根检验—面板协整检验”的顺序，将所有实证结果用 R 进行编程计算。

我们用 2.2.2.1 小节中介绍的 CD 统计量对变量进行截面相关检验，判断其是否存在截面相关，以确定面板单位根检验方法；对序列 x 和 y 进行截面相关检验，CD 统计量检验的原假设为不存在截面相关，说明变量是存在截面相关的，需要采用截面相关的单位根检验方法。这里采用 Pesaran（2007）提出的检验方法进行平稳性检验，结果如表 4.1 所示。

表 4.1　面板截面相关与单位根检验

序列	CD 统计量值	概率 P 值	CIPS 检验统计量	概率 P 值
x	84.90	0.00	−1.42	0.15
y	85.69	0.00	−0.79	0.18
u_{it}	0.65	0.259	—	—

CIPS 统计量检验的原假设为序列有单位根，是非平稳序列。检验结果显示，序列 x 和 y 是存在截面相关的非平稳序列。按模型（4.2.1）对变量 x 和 y 进行回归得残差序列 u_{it}，对其进行截面相关检验结果见表 4.1。结果显示，u_{it} 不存在截面相关，所以这里不能采用截面相关的单位根检验对其进行平稳性判

断；结果也说明序列 x 和 y 是因子互冲型的，应当构建 4.2.1 中研究的面板协整模型。

4.2.3.2　模型验证

我们按照 4.2.2 小节给出的检验步骤，采用主成分分析提取主成分，生成检验统计量，共同因子及其载荷系数值见图 4.2 和图 4.3，实心原点代表经济增长序列的相关数据，空心原点代表电力消耗的相关数据。我们可以发现，经济增长和电力消耗的共同因子序列是高度相关的，说明我国各地区经济增长与电力消耗之间存在一致的共同驱动因素，且这些因素呈现出逐年增长的趋势。图 4.3 里部分点是重合的，说明部分地区共同因子对经济增长和电力消耗的影响大小相似。

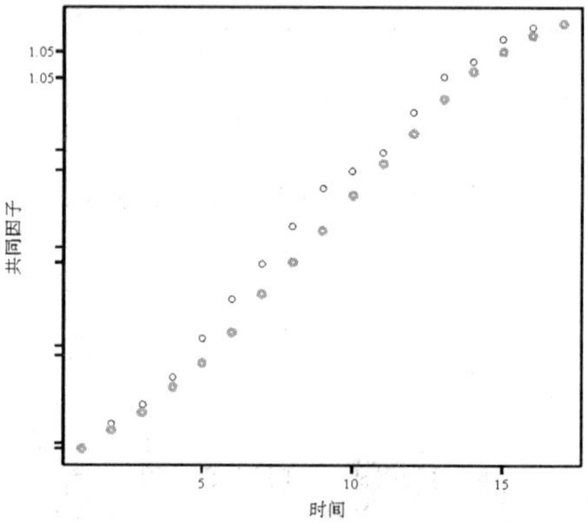

图 4.2　共同因子

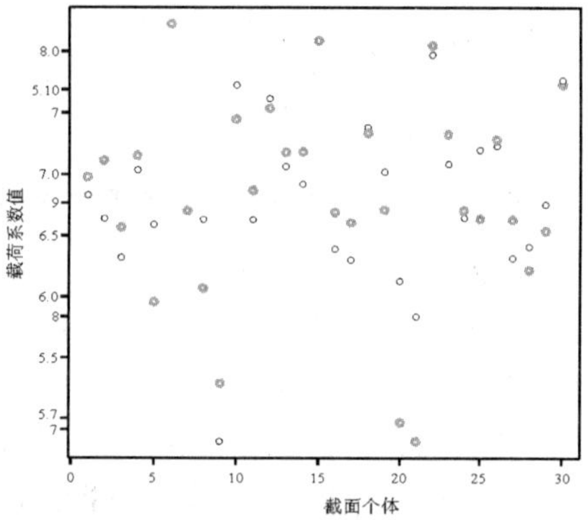

图 4.3　载荷系数

图 4.4 给出协整系数即模型（4.2.1）中回归系数 β_i 的值，大部分地区的协整系数在 0~1，而福建、甘肃、江苏、辽宁、天津、云南的协整系数为负，表示去掉共同因子以后这些地区的电力消耗对经济增长的影响并不显著。图 4.5 给出了协整系数 β_i 和 φ_i 之间对比图，φ_i 为 $\lambda_i{}' F_t = \varphi_i' \gamma_i{}' G_t + \varpi_{it}$ 中的系数，研究发现在显著性水平为 0.1 的情形下，假设 $\beta_i - \varphi_i = 0$ 成立。

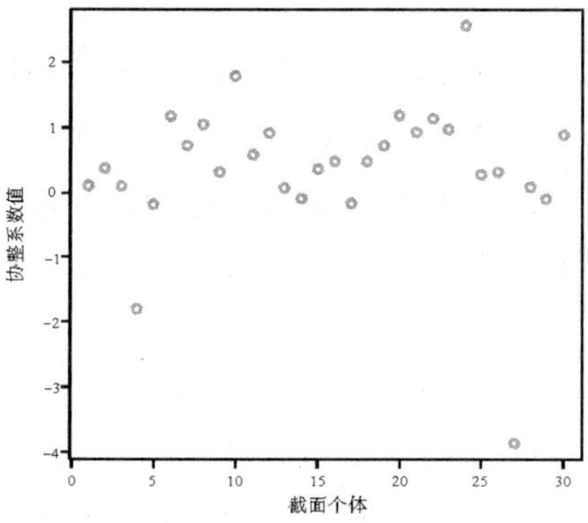

图 4.4　协整系数值

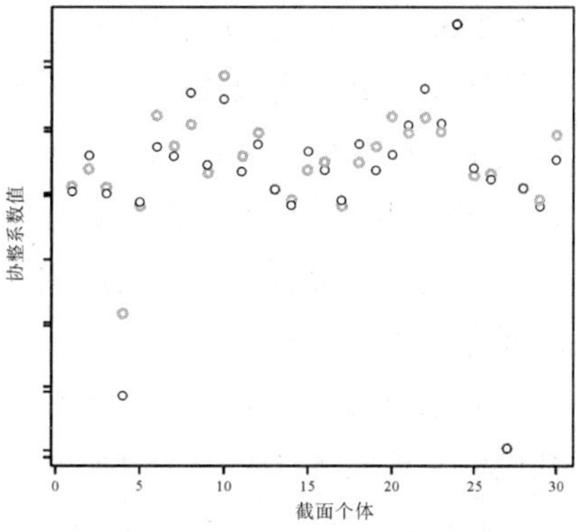

图 4.5　协整系数与共同因子项系数对比

对式（4.2.10）中检验统计量 ξ_{it} 进行截面相关检验的统计量值为0.869 7，伴随概率为 0.192 2，原假设为不存在截面相关，在显著性水平为 0.05 时说明 ξ_{it} 不存在共同因子。这与因子互冲面板协整检验方法的假设条件吻合，也说明对经济增长和电力消耗采取该方法是可行的、适宜的，应当建立如模型（4.2.1）的协整模型。

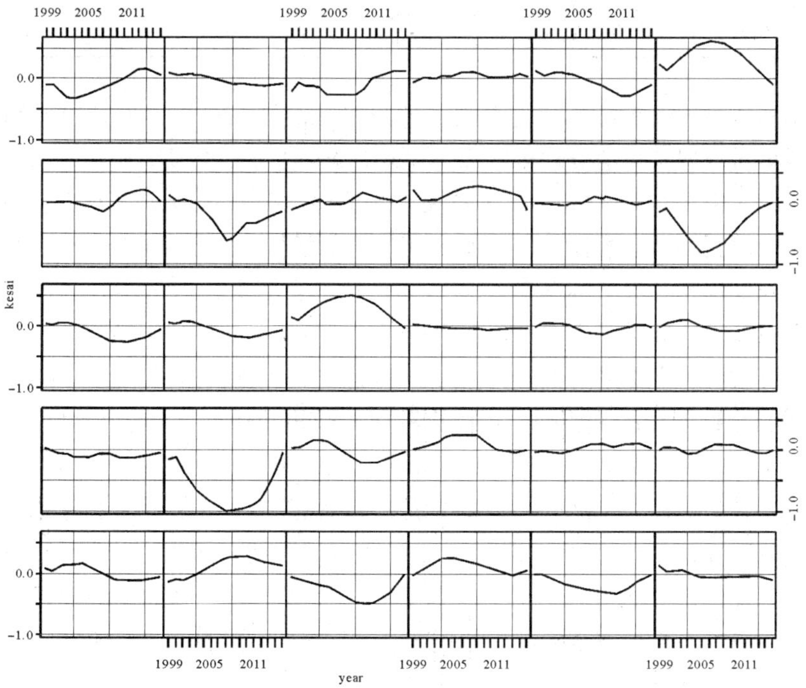

图 4.6　协整检验统计量 ξ_{it} 序列

4.2.3.3 一致性分析

图 4.6 给出了面板数据 ξ_{it} 的分地区图。表 4.2 给出了统计量 ξ_{it} 的平稳性检验结果，检验形式（C，T）表示检验式中带常数项和趋势项，（C，N）表示检验式中只有常数项，在显著性水平为 0.01 时拒绝原假设。原假设为序列是单位根过程。检验结果表明序列 ξ_{it} 为平稳序列，这说明经济增长和电力消耗之间存在协整关系。

如果采取表 4.2 中展示的截面相关面板单位根检验方法对序列 ξ_{it} 进行平稳性检验，检验统计量为-1.65，概率 P 值为 0.13，在显著性水平为 0.1 的情况下，接受原假设，认为 ξ_{it} 存在单位根，为非平稳过程，说明经济增长和电力消耗之间不存在协整关系。我们对模型（4.2.1）采用不同的协整检验方法得出了相反结论，进而说明错用协整检验方法将导致结果出现偏误，检验失效。

表 4.2　ξ_{it} 的平稳性检验

检验形式	（C，T）	（C，N）	检验形式	（C，N）
IPS 检验统计量	-4.881	-7.305 2	CIPS 检验统计量	-1.65
概率 P 值	1.056e-06	2.769e-13	概率 P 值	0.13

本书对我国经济增长和电力消耗的协整检验结论虽与已有研究一致，但是，这里对数据结构的解析更准确，且能对均衡关系的驱动力进行分析。模型应用的意义主要有：（1）存在协整关系的驱动力分析。因子互冲协整模型为均衡关系的驱动力分析提供了参考。我国经济增长和电力消耗存在因子互抵效应下的长期均衡关系，这说明各省（自治区、直辖市）经济增长和电力消耗之间存在共同的驱动因素，比如固定投资、对外贸易、居民消费等，一旦这些共同因子的作用减弱，将会改变经济增长和电力消耗之间的均衡关系。（2）数据结构判识的重要性。虽然已有研究得出我国经济增长和电力消耗之间存在协整关系，但前提假设为截面个体之间是独立的，这显然不符合我国省（自治区、直辖市）经济发展存在关联性的客观现实。我们经过数据结构判识可知，我国经济增长和电力消耗是存在截面相关的，应当考虑省（自治区、直辖市）之间的相关性，但是，在截面相关情形下进行协整检验却显示两者不存在协整关系，说明数据结构的误判会严重影响研究结论。

4.2.3.4 结论

以上实证研究展示了因子互冲面板协整检验的可行性、可操作性，说明该方法适用于变量受到相似共同因素影响的情形。表 3.3 中 C 情形是比较特殊的带共同因子结构的面板数据，已有的研究方法虽然关注了随机扰动项的共同因子，也研究了被检验变量带共同因子的情形，但是却没有对被检验变量的共同因子互相抵消的情形予以分析，本部分对因子互冲面板协整检验给予了补充填补，旨在完善非平稳面板数据模型体系。尽管因子互冲面板协整检验有较强的约束条件，要求回归残差不存在截面相关，要求共同因子项之间存在线性关系，且其相关性与协整系数有关，但是很多宏观经济变量之间确实满足这样的假设条件，就像图 4.1 所示的驱动经济增长和电力消耗类似的共同因子，因此采用因子互冲面板协整检验式是适宜的，是可行的。

对序列 ξ_{it} 进行截面独立的单位根检验和截面相关的单位根检验，对比分析结果表明错用单位根检验将导致检验失效。同时也说明对于表 3.3 中的 C 情形，我们应当采取如 3.3.3 小节建议里的截面相关的单位根检验和截面独立的协整检验方法。由于对截面相关的面板协整检验一般会采取退因子技术进行处理，如果在该情形下仍然采用截面相关的面板协整检验方法，即在不存在截面相关的残差项上继续退因子，将导致数据信息的过度丢失，造成伪检验，得到不符合数据结构的检验结论。

鉴于数据结构的复杂性，以上未能对非平稳因子进行更多讨论，同时模型应用仅为了说明方法可行，并未对其经济意义展开分析，这些不足之处是笔者今后努力的方向。

4.3 串行效应的面板协整检验

带并行效应的面板协整模型可以解释经济变量存在截面相关和结构变化时的数量关系，处理方式一般是将模型转换为截面独立、结构稳定的形式再提出检验统计量。在并行效应模型里，结构变化与共同因子是分别考虑的，结构变化代表的是刨除截面相关影响之后的数据信息。在串行效应模型里，共同因子不再是稳定的，而是发生了结构变化的。有研究认为共同因子可以代表经济基本面，而串行效应认为驱动研究变量的基本面发生了结构变化。

2.6.3 小节分析了由共同因子引起的结构变化情形，说明结构变化与共同因子不仅能并行出现在模型中，还能是串行影响关系，即共同因子发生了结构变化，这与已有的研究（Banerjee et al.，2015；Westerlund et al.，2008；王维国 等，2014）思路有差异，却又能对已有的研究起到很好的补充。本节将对存在串行效应的面板协整检验进行探讨，旨在进一步完善非平稳面板模型理论。

4.3.1 基本模型

串行式效应检验是模型中结构变化与共同因子存在联动影响的检验，能解决面板数据结构中结构变化判识的盲点问题。在假设 $H_1^{(1)}$：$\alpha_i^{(CF)} \neq 0 \mid \alpha_i^{(u)} = 0$ 成立时，回归扰动项表现出结构变化特征，但是结构变化却来源于共同因子，并不是剩余扰动项。在 3.2.3 小节中关于已有面板协整检验的分析研究的均是存在共同因子和结构变化的并行式效应模型，没有对串行式效应模型进行分析，本节将着重研究串行式效应的影响。

存在共同因子与结构变化串行效应（serial effect between common factors and structural breaks）的面板协整检验的一般形式为

$$
\begin{aligned}
y_{it} &= \mu_i + \theta_i t + x_{it}'\beta_i + u_{it} \\
x_{it} &= x_{i,\ t-1} + \eta_{it} \\
u_{it} &= CF_{it} + v_{it} \\
CF_{it} &= D_{it} + \varepsilon_{it}
\end{aligned}
\tag{4.3.1}
$$

其中，x_{it} 和 y_{it} 为被检验变量，μ_i 为共同常数项，θ_i 为时间趋势项，CF_{it} 为共同因子项，D_{it} 为结构变化项。u_{it} 为协整回归扰动项，其平稳性决定了变量是否存在协整关系。v_{it} 为 u_{it} 中去除共同因子影响之后的剩余扰动项，ε_{it} 为共同因子项中去除结构变化之后的剩余扰动项。一般来说，记 $CF_{it} = \lambda_i'F_t$。F_t 表示各截面在时间上的共同因子，λ_i 为因子权重，λ_i 和 F_t 可以通过主成分分析得到，有

$$
\begin{aligned}
(1 - \alpha_i L)F_t &= C(L)w_t \\
(1 - \rho_i L)v_{it} &= H_i(L)h_{it} \\
(1 - \gamma_i L)\varepsilon_{it} &= G_i(L)g_{it}
\end{aligned}
\tag{4.3.2}
$$

其中，$H_i(L) = \sum_{j=0}^{\infty} H_{ij}L^j$，$G_i(L) = \sum_{j=0}^{\infty} G_{ij}L^j$，$C(L) = \sum_{j=0}^{\infty} C_j L^j$。

对于结构变化项 D_{it}，一般可以表示为

$$
D_{it} = \theta_i DU_{k_0} + \sigma_i DT_{k_0} \tag{4.3.3}
$$

其中，$DU_{k_0} = \begin{cases} 0, & t \leqslant t_{k0} \\ 1, & t > t_{k0} \end{cases}$ 表示均值结构变化，$DT_{k_0} = \begin{cases} 0, & t \leqslant t_{k0} \\ t - t_{k0}, & t > t_{k0} \end{cases}$ 表示方差结构变化。这里讨论的结构变化是发生在时点上的结构变化，其为同质结构变化点，门限值效应暂不作考虑，所以对于共同因子项 $\lambda_i F_t$ 而言，时点上的结构变化主要表现在共同因子 F_t 上。

模型（4.3.1）的原假设为 H_0：不存在协整关系，备择假设为存在协整关系。

假设1：对于非随机的系数 λ_i，有 $\| \lambda_i \| \leqslant M$，$\| A \| = trace(A'A)^{1/2}$，$M$ 为小于无穷大的正数。对于随机的系数 λ_i，有 $E \| \lambda_i \|^4 \leqslant M$。

假设2：对每一个 i，$h_{it} \sim iid(0, \sigma_{hi}^2)$，$g_{it} \sim iid(0, \sigma_{gi}^2)$，$\sum_{j=0}^{\infty} j|H_{ij}| < \infty$，$\sum_{j=0}^{\infty} j|G_{ij}| < \infty$，$H_i(1)^2\sigma_{hi}^2 > 0$，$G_i(1)^2\sigma_{gi}^2 > 0$，$E(h_{it}h_{it}') = \Sigma_\iota = \mathrm{I} > 0$，$E(g_{it}g_{it}') = \Sigma_\iota = \mathrm{I} > 0$，$E\| h_{it} \|^8 \leqslant M < \infty$，$E\| g_{it} \|^8 \leqslant M < \infty$。

假设3：$w_{it} = (F_t', \eta_{it}, v_{it}')'$。对每一个截面 i，定义 $w_{it} = \Pi_i(L)\iota_{it} = \sum_{j=0}^{\infty} \Pi_{ij}\iota_{i,t-j}$，$\sum_{j=0}^{\infty} j\Pi_{ij} < \infty$，$E(\iota_{it}) = 0$，$E(\iota_{it}\iota_{it}') = \Sigma_\iota = \mathrm{I} > 0$，$E\| \iota_{it} \|^8 \leqslant M < \infty$，$\forall i, j, t$ 有 ι_{it} 与 λ_j 不相关。其中

$$\Pi_i(\mathrm{L}) = \begin{bmatrix} \Pi_i^{FF}(L) & \Pi_i^{F\eta}(L) & \Pi_i^{Fv}(L) \\ \Pi_i^{\eta F}(L) & \Pi_i^{\eta\eta}(L) & \Pi_i^{\eta v}(L) \\ \Pi_i^{vF}(L) & \Pi_i^{v\eta}(L) & \Pi_i^{vv}(L) \end{bmatrix}, \quad \iota_{it} = \begin{bmatrix} \iota_{it}^{(F)} \\ \iota_{it}^{(\eta)} \\ \iota_{it}^{(v)} \end{bmatrix}$$

假设4：w_t、η_{it}、h_{it}、g_{it} 之间互不相关。

假设5：$|\alpha_i| < 1$，$|\gamma_i| < 1$，F_t 为平稳过程，共同因子项 CF_{it} 为带结构变化的平稳过程。

假设6：η_{it}、v_{it} 为截面独立的随机扰动项。

假设1保证因子载荷是可识别的；假设2允许变量存在较弱的序列自相关；假设3可以得到 w_{it} 的方差估计；假设4限制了变量之间的相关性，认为这些扰动项都与 x_{it} 不相关。在模型（4.3.2）中，α_i 的大小决定了共同因子 F_t 的平稳性。其实诸多研究均表明 F_t 可以是平稳的，也可以是非平稳的（Banerjee et al.，2015），但是这里要考虑共同因子项的结构变化性，所以有了假设5。假设6保证变量 x_{it} 不存在影响共同因子项的因子信息，保证共同因子项代表了 u_{it} 中的截面相关信息。

当模型（4.3.1）的扰动项不满足经典假设时，系数 β_i 的最小二乘估计量非一致，对模型（4.3.1）取差分将使得原假设成立的条件下 Δu_{it} 为平稳序列，可以得到系数的渐近一致估计量。有

$$\Delta y_{it} = \theta_i + \Delta x_{it}'\beta_i + \Delta u_{it} \tag{4.3.4}$$

首先，估计差分形式，得到系数估计量 $\hat{\beta}_i$、残差 $\Delta\hat{u}_{it}$。由此可得，μ_i 的受约束最大似然估计为 $\hat{\mu}_i = y_{i1} - \theta_i - \Delta x_{it}'\hat{\beta}_i$。

然后，采用主成分方法估计共同因子项。设 $\hat{f}_t$ 是因子向量 F_t 的主成分估

计，则 $\hat{f}_t$ 等于 $(T-1)\times(T-1)$ 维矩阵 $\Delta\hat{u}_{it}\Delta\hat{u}_{it}'$ 前 K 个特征根对应的特征向量，估计的公共因子为 $\hat{F}_t=\sum_{j=2}^{t}\Delta\hat{f}_j$ ，因子载荷系数的估计 $\hat{\lambda}_i=\Delta u_{it}'\Delta\hat{F}_t/(T-1)$ 。共同因子项 $CF_{it}=\hat{\lambda}_i\hat{F}_t$ ，根据研究的需要可以采取式（2.6.11）、式（2.6.12）进行结构变化检验，得到共同因子 F_t 在时点上的结构变化点。王维国等（2013）、Banerjee et al.（2015）均研究的是异质结构变化，并行效应下模型（2.6.5）中的共同因子项包含或覆盖了截面个体趋同的所有影响，结构变化项不再存在截面相关，考虑为异质结构变化是适宜的。串行效应下模型（4.3.1）中的结构变化发生于共同因子项，应考虑为同质结构变化，表示影响截面个体的基本面发生了结构变化。这里仅考虑了共同因子 F_t 的结构变化，系数 $\boldsymbol{\lambda}_i$ 也可能发生结构变化。

并行式效应与串行式效应协整检验模型最大的区别在于发生结构变化的因素不一样。在并行式效应中，结构变化与共同因子是并列的，如

$$u_{it}=CF_{it}+\boldsymbol{v}_{it},\ \boldsymbol{v}_{it}=D_{it}+v_{it} \tag{4.3.5}$$

在串行式效应中，是共同因子发生了结构变化，如

$$u_{it}=CF_{it}+\boldsymbol{v}_{it},\ CF_{it}=D_{it}+\varepsilon_{it} \tag{4.3.6}$$

所以，并行式（4.3.5）中的结构变化来自去除共同因子项的随机扰动项 $\boldsymbol{v}_{it}$ ，$\boldsymbol{v}_{it}$ 是截面独立的，进而 v_{it} 为截面独立的。因为结构变化项 D_{it} 为 0-1 取值的示性函数，本身不具备截面相关性。而串行式（4.3.6）中的结构变化项 D_{it} 并没有去除共同因子信息，反而含有共同因子信息，但 D_{it} 不具备截面相关，所以只能是剩余扰动项 ε_{it} 为截面相关的。有

并行式：$u_{it}=\lambda_i'F_t+D_{it}+v_{it}$，$v_{it}$ 不存在截面相关

串行式：$u_{it}=D_{it}+\varepsilon_{it}+\boldsymbol{v}_{it}$，$\varepsilon_{it}$ 存在截面相关

当假设 F_t 为平稳过程时，CF_{it} 为带结构变化的平稳序列，所以 u_{it} 的平稳性只与变量 $\boldsymbol{v}_{it}$ 一致。并行式中 $\boldsymbol{v}_{it}$ 的平稳性与截面独立的 v_{it} 一致，串行式中 $\boldsymbol{v}_{it}$ 的平稳性由系数 ρ_i 是否为 1 决定。而存在截面相关的 ε_{it} 中含有共同因子 F_t 。这表明在串行和并行数据结构下协整检验的表现形式具有相似之处，只是内在数据关系有很大差异。已有的研究没有对串行数据结构进行研究，特别是在实证研究中鲜有考虑共同因子发生结构变化的情形。虽然在串行和并行式效应下存在相似的协整方程表现形式，使得面板协整检验结果不会出现较大差异，但是其对实证研究结果的影响却是巨大的，这关系着经济关系分析时变量的共同因子与结构变化影响的内在逻辑，关系着变量数据结构真实信息的解析。

4.3.2 估计与检验

4.3.2.1 模型变形

对模型（4.3.1）两边取差分，有

$$\Delta y_{it} = \theta_i + \Delta x_{it}'\beta_i + \Delta D_{it} + \Delta \varepsilon_{it} + \Delta v_{it} \tag{4.3.7}$$

模型（4.3.7）里含有趋势项系数 θ_i，这里采用与式（4.2.8）类似的方法去除趋势项的影响，对差分后的序列再进行去均值，得

$$\Delta y_{it} - \overline{\Delta y_i} = (\Delta x_{it} - \overline{\Delta x_i})'\beta_i + (\Delta D_{it} - \overline{\Delta D_t}) + (\Delta \varepsilon_{it} - \overline{\Delta \varepsilon_{it}}) + (\Delta v_{it} - \overline{\Delta v_{it}}) \tag{4.3.8}$$

由于在串行式效应下 ε_{it} 有截面相关，且与共同因子 F_t 相关，因此可以设

$$\varepsilon_{it} = \varphi_i' F_t + \dot{\varepsilon}_{it} \tag{4.3.9}$$

其中，$\dot{\varepsilon}_{it}$ 为不存在截面相关的平稳序列。有

$$\Delta \varepsilon_{it} - \overline{\Delta \varepsilon_{it}} = \varphi_i'(\Delta F_t - \overline{\Delta F_t}) + (\Delta \dot{\varepsilon}_{it} - \overline{\Delta \dot{\varepsilon}_t})$$

对于结构变化方程，当只有一个结构变化点时，均值变化时 $\overline{\Delta D_t}$ 等于 $1/T$。有

$$\Delta D_{it} = \theta_i \Delta DU_{k_0} + \sigma_i \Delta DT_{k_0},\ t = 2,\ \cdots,\ T \tag{4.3.10}$$

$$\Delta DU_{k_0} = \begin{cases} 1, & t = t_{k0+1} \\ 0, & \text{其他情形} \end{cases}$$

$$\Delta DT_{k_0} = \begin{cases} 0, & t < t_{k0} \\ t - t_{k0}, & t = t_{k0} \\ 1, & t > t_{k0} \end{cases}$$

参考 Bai et al.(2013）处理结构变化的方法，在模型（4.3.8）两边同时乘以投影矩阵 M_i^b，去除结构变化的影响，得

$$M_i^b(\Delta y_{it} - \overline{\Delta y_i}) = M_i^b(\Delta x_{it} - \overline{\Delta x_i})'\beta_i + M_i^b\varphi_i'(\Delta F_t - \overline{\Delta F_t}) + M_i^b(\Delta v_{it} - \overline{\Delta v_{it}}) + M_i^b(\Delta \dot{\varepsilon}_{it} - \overline{\Delta \dot{\varepsilon}_t}) \tag{4.3.11}$$

其中，$M_i^b = I - P_i^b$，$P_i^b = (\Delta D_{it} - \overline{\Delta D_t})[(\Delta D_{it} - \overline{\Delta D_t})'(\Delta D_{it} - \overline{\Delta D_t})]^{-1}(\Delta D_{it} - \overline{\Delta D_t})'$，使得

$$M_i^b(\Delta D_{it} - \overline{\Delta D_t}) = 0 \tag{4.3.11}$$

再在模型式（4.3.11）两边乘以投影矩阵 M_i^x，得

$$M_i^x M_i^b(\Delta y_{it} - \overline{\Delta y_i}) = M_i^x M_i^b \varphi_i'(\Delta F_t - \overline{\Delta F_t}) + M_i^x M_i^b(\Delta \boldsymbol{v}_{it} - \overline{\Delta \boldsymbol{v}_{it}}) + M_i^x M_i^b(\Delta \dot{\varepsilon}_{it} - \overline{\Delta \dot{\varepsilon}_t}) \tag{4.3.12}$$

其中，$M_i^x = I - P_i^x$，，$P_i^x = \dot{x}_{it}(\dot{x}_{it}'\dot{x}_{it})^{-1}\dot{x}_{it}'$，$\dot{x}_{it} = M_i^b(\Delta x_{it} - \overline{\Delta x_i})'$，使得

$$M_i^x M_i^b(\Delta x_{it} - \overline{\Delta x_i})' = 0$$

得到简化的模型形式为

$$y_{it}^* = \varphi_i' G_t + z_{it} \tag{4.3.13}$$

其中，$z_{it} = M_i^x M_i^b(\Delta \boldsymbol{v}_{it} - \overline{\Delta \boldsymbol{v}_{it}}) + M_i^x M_i^b(\Delta \dot{\varepsilon}_{it} - \overline{\Delta \dot{\varepsilon}_t}) - (P_i^x + P_i^b)(\Delta F_t - \overline{\Delta F_t})$，$G_t = \Delta F_t - \overline{\Delta F_t}$，$y_{it}^* = M_i^x M_i^b(\Delta y_{it} - \overline{\Delta y_i})$。

在假设4条件下，z_{it} 中的 $\Delta \dot{\varepsilon}_{it} - \overline{\Delta \dot{\varepsilon}_t}$ 并不会改变 $\Delta \boldsymbol{v}_{it} - \overline{\Delta \boldsymbol{v}_{it}}$ 的单整性，Bai et al.（2013）进一步指出当存在 $(P_i^x + P_i^b)(\Delta F_t - \overline{\Delta F_t})$ 时，将 z_{it} 用于检验协整关系是渐近可行的。

因此，有 $\hat{z}_{it} = y_{it}^* - \hat{\phi}_i'\hat{G}_t$。此处借鉴 Bai et al.（2004）单位根检验序列的构建方式，定义

$$\xi_{it} = \sum_{s=2}^{t} \hat{z}_{is} \tag{4.3.14}$$

此时 ξ_{it} 与 u_{it} 同阶，对 u_{it} 进行平稳性检验等价于对 ξ_{it} 进行平稳性检验。

4.3.2.2　平稳性检验

我们在对模型进行变换以后，得到与 4.2.2 小节以及部分文献中类似的变量 ξ_{it}，可以继续采用 IPS 检验或者截面独立面板单位根检验中的其他检验方法进行平稳性检验，具体见表 3.1。

检验式为

$$\xi_{it} = \alpha_i + \rho_i \xi_{i,t-1} + \sum_{j=1}^{p_i} \varphi_{ij} \Delta \xi_{i,t-1} + \tau_{it} \tag{4.3.15}$$

检验统计量为

$$\bar{t}_{NT} = \frac{1}{N}\sum_{i=1}^{N} t_{iT} \tag{4.3.15}$$

其中，t_{iT} 为个体 ADF 检验统计量，极限分布为正态分布。

4.3.2.3　检验说明

在实证研究中，我们首先需要用 2.6.3 小节中提出的串行效应检验以判断模型是串行式还是并行式。由于模型（4.3.1）回归扰动项的估计检验，在并行或串行条件下的结果差异并不是很大，因此不会导致伪检验结果，但是却会导致伪实证结果。

无论是否存在协整关系，模型（4.3.7）中的变量均为平稳变量，对 $\Delta y_{it}=\theta_i+\Delta x_{it}'\beta_i+\Delta u_{it}$ 进行回归，求出剩余扰动项的估计值 $\Delta\hat{u}_{it}$；又有 $\Delta u_{it}=\Delta CF_{it}+\Delta v_{it}$，对 $\Delta\hat{u}_{it}$ 进行主成分分析求出其主成分和载荷系数；对共同因子项按 $\Delta CF_{it}=\Delta D_{it}+\zeta_{it}$ 进行结构变化检验，确认结构变化点，根据模型（4.3.10）可知，均值突变时 ΔD_{it} 有一个跳跃式突变点，其余值全部为0，方差突变时 ΔD_{it} 也有一个跳跃式突变点，其余值为0或1。

存在串行效应时的检验步骤为：

（1）采用2.6.3小节中的串行效应检验进行结构变化 D_{it} 的确认；

（2）如果模型（4.3.1）带趋势项，首先对其进行差分，得到模型（4.3.7），然后去掉均值得到模型（4.3.8）；如果模型（4.3.1）不带趋势项，只有常数项，就直接进行差分，得到不带常数项的模型，为

$$\Delta y_{it}=\Delta x_{it}'\beta_i+\Delta D_{it}+\Delta\varepsilon_{it}+\Delta v_{it}$$

（3）求出结构变化项和解释变量对应的投影矩阵 M_i^b、M_i^x；

（4）在模型（4.3.8）两边分别乘以投影矩阵得到序列 y_{it}^*，再运用Bai et al.（2004）的方法估计共同因子及其载荷系数，得到模型（4.3.13）；

（5）根据模型（4.3.14）求出检验统计序列 ξ_{it}；

（6）根据模型（4.3.15）求出序列 ξ_{it} 的单位根检验统计量，并进行模型协整关系判断。

若 $\xi_{it}\sim I(1)$，则接受原假设，认为变量 x_{it} 和 y_{it} 之间不存在协整关系，反之则认为存在协整关系。

4.3.3 实证研究

在并行效应下，面板数据模型是将结构变化和共同因子分别进行处理的，具体表现为刨除共同因子影响后的数据发生了结构变化。串行效应研究发现，分别处理结构变化和共同因子将忽略两者之间的递进关系，因为共同因子也可能发生结构变化。外商直接投资与经济增长之间的影响关系历来受到研究者们的关注，面板数据模型是常用分析工具之一，但是已有的研究较少地考虑面板数据模型的结构变化和截面相关。

交互效应面板协整检验继续采用2.5节使用的研究对象，并在2.5节分析结论的基础上进行协整检验。这里，我们将表示经济增长的序列记为 y。图4.7给出了序列 y 的原始数据和按模型（4.3.13）处理后的序列 y^* 的对比图。我们发现序列 y^* 的趋势性被减弱，序列 y 增长的幅度越大，序列 y^* 的方差就会越大。

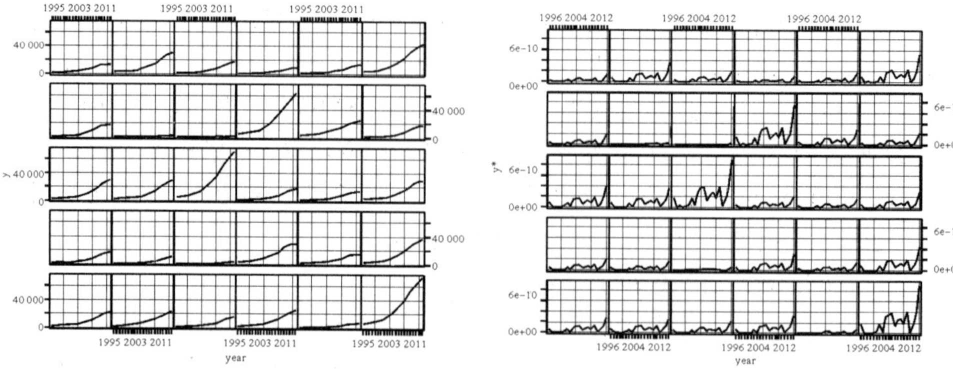

图 4.7　y 的原始序列和处理后的序列 y^* 的对比

根据模型（4.3.10）可知，将均值变化的变量差分以后，每一个体中仅一个年份值为 1，其余全为 0，这将导致投影矩阵数值过小，很难完成系数估计，所以无法对均值变化的情形进行检验。图 4.8 给出了模型发生方差变化时模型（4.3.13）中系数 φ_i 的估计值，表示不同省（自治区、直辖市）受到共同因子的影响大小，其最小五个值对应的分别是青海、甘肃、海南、宁夏和新疆，最大三个值对应的分别是广东、江苏和山东。图 4.9 给出了模型（4.3.3）中方差变化 σ_i 的估计值，说明不同省（自治区、直辖市）之间的结构变化程度不同，受结构变化影响最大的省（自治区、直辖市）分别是广东、山东和北京。图 4.8 和图 4.9 的分析结论与中国吸引外资较多的省（自治区、直辖市）更易受到国际环境改变的冲击现实吻合。

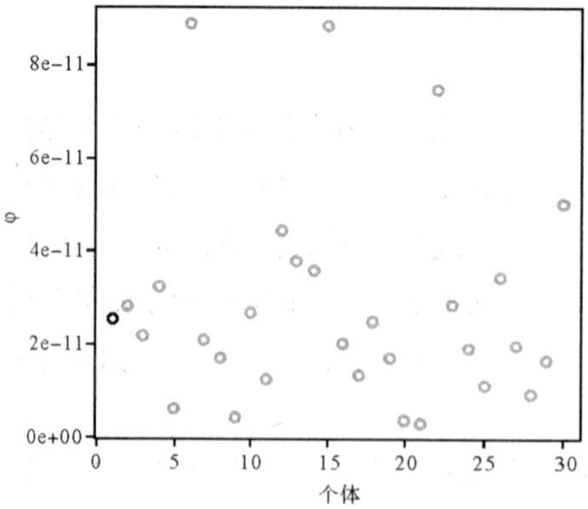

图 4.8　方差变化时系数 φ_i 估计值

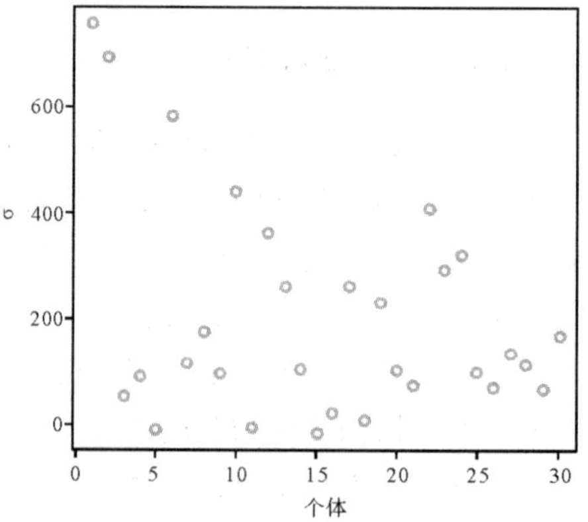

图 4.9　结构变化系数 σ_i 的估计值

图 4.10 为共同因子的趋势图，从中我们可以发现共同因子从第 14 个时间

点开始产生波动性变化，这与 2.5 节的分析结论一致，共同因子在第 14 个时间点发生了方差结构变化。

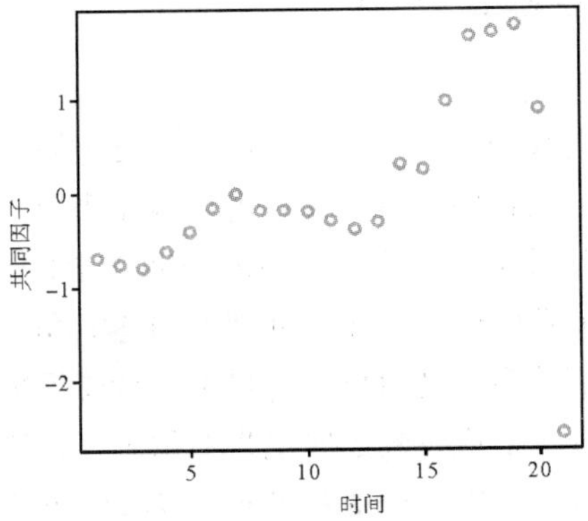

图 4.10　共同因子图形

表 4.3 给出了模型（4.3.14）中统计量的单位根检验结果，显示在显著性水平为 0.05 时我们应拒绝原假设，认为序列 ξ_{it} 没有单位根，所以应该接受原假设，认为变量之间存在长期均衡关系。

表 4.3　序列 ξ_{it} 的单位根检验

检验形式	单位根检验统计量	概率 P 值
（C，T）	−2.565 4	0.010 31
（C，N）	−6.115 2	9.644e−10

诸多研究均表明经济增长与外商直接投资之间存在长期均衡关系，本节的研究结论与已有研究结论一致，但是串行效应面板协整检验更有力地证实了驱动经济增长与外商直接投资的共同因子在 2008 年发生了结构变化。按照并行效应的分析方法，刨除共同因子影响之后中国经济增长与外商直接投资之间的长期均衡发展关系并没有发生结构变化，这与 2005—2015 年全国进行的经济结构调整并不符合。特别是受 2007—2008 年美国次贷危机的影响，中国各省（自治区、直辖市）面临的对外贸易国际环境发生了较大改变，全国采取了一系列举措以保持经济健康稳定发展，因此代表全国经济结构调整和贸易战略改变的共同因子在 2008 年确实发生了结构变化。这说明在经济增长与外商直接投资长期均衡关系分析中，忽略共同因子与结构变化的串行效应将导致实证分析结果出现偏误。

4.4 面板误差修正模型

对于非平稳的面板数据，为了避免直接回归产生的伪回归结果，我们可以采用协整分析方法确定其长期均衡关系，进而构建面板协整模型。面板协整模型是变量之间的长期关系模型，但是短期内的冲击会使得变量关系发生偏移，出现不符合长期均衡关系的现象。如何刻画或描述短期偏移现象，以更准确地把握变量之间的长短期关系，是面板误差修正模型要解决的关键问题。通过差分的方法，我们可以将非平稳面板数据化为平稳序列，然后建立经典的回归分析模型，误差修正模型就是以差分的特定形式为变量的模型。根据 Granger 表示定理，如果变量之间存在协整关系，那么其短期非均衡关系总能由一个误差修正模型表示。

面板误差修正模型（PECM）的一般形式为

$$A(L)(1-L)Y_{it}=bECM_{i,t-1}+e_{it} \tag{4.4.1}$$

其中，$A(L)$ 为滞后算子 L 的矩阵多项式，e_{it} 为平稳的随机扰动项，b 为非 0 的参数矩阵，反映了变量对均衡误差的调整强度，$ECM_{i,t-1}$ 为均衡误差项，Y_{it} 是协整检验中的变量。面板误差修正模型既包含了变量之间的长期均衡机制，又允许有短期非均衡出现，保留了变量可能发生短期剧烈波动的特征，描述了变量向均衡点逐渐调整的过程，更好地反映了向量面板数据的动态性。

下面我们将使用 4.2.3 小节中的数据进行建模，协整系数值见图 4.4。为了便于滞后项的选择和判断，这里采用 EViews9.0 软件进行估计。表 4.4 给出了滞后阶数的 wald 检验结果，显示滞后阶数为 4 比较适宜。

表 4.4　PECM 滞后阶数的 wald 检验

	Lag 1	Lag 2	Lag 3	Lag 4	Lag 5
Δx	239.792 0	4.651 466	13.206 02	11.991 31	4.145 156
	[0.000 000]	[0.097 712]	[0.001 356]	[0.002 490]	[0.125 861]
Δy	96.674 10	21.860 60	19.059 70	22.423 24	2.977 466
	[0.000 000]	[1.79e-05]	[7.27e-05]	[1.35e-05]	[0.225 658]

当滞后阶数为 4 时，采取极大似然估计法进行 PECM 估计，估计结果为

$$Y_{it}=\begin{bmatrix}0.74 & 0.28\\0.23 & 0.46\end{bmatrix}Y_{i,t-1}+\begin{bmatrix}0.15 & 0.52\\-0.02 & -0.12\end{bmatrix}Y_{i,t-2}+\begin{bmatrix}0.16 & -0.22\\-0.07 & 0.17\end{bmatrix}Y_{i,t-3}$$

$$+\begin{bmatrix} -0.24 & -0.35 \\ 0.05 & 0.07 \end{bmatrix} Y_{i,\ t-4} + \begin{bmatrix} -0.01 \\ 0.019 \end{bmatrix} ECM_{i,\ t-1}$$

其中，$Y_{it}=\begin{pmatrix} \Delta y_{it} \\ \Delta x_{it} \end{pmatrix}$ ，x 表示电力消耗数据，y 表示经济增长数据。PECM 可以表明变量的过去对当前的动态影响关系。电力消耗对均衡误差的调整系数为 0.019，大于经济增长对均衡误差的调整，说明电力消耗回到均衡状态的力度较大，表明电力消耗更依赖于经济增长与电力消耗的均衡关系。

图 4.11 为回归的残差图，残差图为白噪声过程，说明经济增长和电力消耗适宜采用因子互冲面板协整检验方法，4.2.3 节的分析结论也表明影响两者的共同因子可以相互抵消。

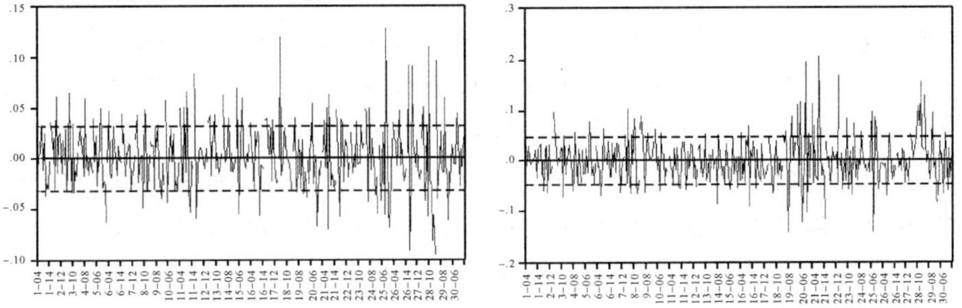

图 4.11　PECM 回归残差

本章重在说明检验方法的基本原理和操作，通过实证研究验证其实用性和可行性，虽然没有对经济关系进行更深一步的分析，但是依然发现了经济变量之间客观存在的数据关系。经济增长与电力消耗之间存在相似且可以抵消影响的共同驱动因子，刨除共同因子的作用以后变量之间依然存在长期均衡关系，说明经济增长与电力消耗是相伴相随的，经济增长可以加速电力消耗，而电力消耗也可以促进经济增长。而经济增长与外商投资之间的协整关系中存在截面相关和结构变化两种情况，但是结构变化与共同因子并不是并行存在的，而是串行式的，即共同驱动因子在 2008 年发生了结构变化。这说明在其他影响因素不变的情况下，经济增长的结构变化发生在 2004 年，外商投资的结构变化发生在 2005 年，但是因为经济增长与外商投资的相互影响以及截面个体之间的相互作用，其结构变化实际发生在 2008 年。

5 结论与展望

在研究与应用非平稳面板数据模型的过程中，研究者们最关注的就是“理论是什么？能解决什么问题？如何将之运用于实证研究？”本书正是带着这样的困惑进行展开论述的。20余年前，学者们开始研究非平稳面板数据模型的建模问题。1999年，关于非平稳面板数据极限定理论文的成功发表填补了极限理论上的缺憾，推动了非平稳面板数据模型的发展（Phillips et al.，1999）。2013年，截面相关面板数据极限理论的进一步进展，使得面板数据模型的理论研究更加完善（Kuersteiner et al.，2013）。但是，面板数据特有的数据结构又给理论研究带来了新的挑战，比如本书研究的交互效应和一致性问题。理论总是在“发现问题—解决问题—发现问题—解决问题”的循环中不断进阶、成熟的。

5.1 结论与创新

本书的研究内容主要有两大方面：一是进行了面板数据基本结构的判识，二是进行了非平稳面板数据检验方法的探索。这两方面可以分别归结为非平稳面板数据建模问题发现和问题解决的过程。第2章首先对面板数据特殊的数据结构进行了说明，并分别对截面相关、结构变化交互效应进行了提炼与梳理，接着首次研究了截面相关与结构变化的交互效应，发现了对实证研究很有价值的现象，并给出了联合检验步骤，最后对门限效应进行了分析，展示了其在实证研究中的可行性和可操作性。第3章在回顾已有面板单位根和面板协整检验的基础上，对已有检验的一致性问题提出质疑，并通过联合分析研究了一致性问题的实质，给出了解决思路。这两部分内容是在诸多研究的基础上去发现问题、总结问题的，且及时给出了解决思路和步骤。但是非平稳面板数据检验中需要的复杂程序仍然困扰、阻碍着诸多应用研究。第4章给出了适用于串行效应和因子互冲的简明实用的面板协整检验方法，并从方法一致性的角度给出了检验程序与步骤，最后通过实际数据展示了方法的可操作性和可行性。在整体内容上本书基本完成了问题发现与问题解决两个重要环节。

当然，通过本书研究内容的探讨，笔者还对计量经济学建模过程中出现的伪检验、真检验伪分析进行了区别解释。本书的主要创新点有：

（1）以独特的视角对面板数据结构判识、非平稳建模等进行了全面梳理和总结，便于研究者开展面板数据理论的进一步研究；

（2）关注了截面相关和结构变化的交互效应，发现截面相关的存在改变了传统认为的结构变化触发点，并对此给出了联合的串行效应检验步骤；

（3）针对门限效应模型提出了循序门限效应检验方法，并应用实际数据展示了检验的可行性，验证了面板数据模型中门限值的不同层次影响；

（4）对非平稳面板数据建模过程中带共同因子的面板单位根检验和协整检验的一致性问题进行了研究，发现检验方法确实存在不一致现象，给出了一致性建议，并提出了修正的面板协整检验用于分析非一致性现象；

（5）针对结构变化与共同因子的交互效应，提出了串行效应面板协整检验方法。

5.2 不足与展望

当然，本书的研究还有诸多不足和考虑不全的地方，尚待进一步改进与完善。本书的不足之处主要有：

（1）一致性问题分析不透彻。本书仅从公式展开的角度分析了单位根检验与协整检验在数据结构上的一致性，限于个人能力并没有从极限理论的角度给予研究。在面板数据建模过程中，因为数据结构的特殊性，不仅带共同因子结构时存在一致性问题，带结构变化、门限效应时一致性问题依然存在，而且还可能存在交互效应之间的一致性问题。

（2）实证应用待扩散。截面相关与结构变化的面板协整检验的提出已有多年，但是却迟迟没有在实证应用领域广泛推开。本书试图在已有理论研究的基础上给出更加适用的检验方法，并给出了部分实证应用结果。但是，碍于有限的编程能力，笔者并不能将诸多理论研究全部用于实证分析，且在实证中仅分析了我国经济增长与其影响因素，未对区域经济进行更好的扩散研究。

（3）模拟研究不足。在 R 程序编写过程中面板数据模拟程序迟迟难以理顺，使得本书模拟研究结果的深度欠佳，仅用实际数据展示方法的可行性和可操作性，采取从简明实用的角度去解决问题。

尽管本书尚有诸多不足待完善，但是并不阻碍笔者对未来研究的思考。笔者对于下一步的研究展望有：

（1）对面板数据结构的进一步认识和分析。在截面相关方面，我们可以进一步研究面板数据截面之间存在的异期相关性对模型估计是否有显著的影响，是否会改变模型参数估计量的性质，如何检验截面的异期相关性等问题。在结构变化方面，时点上的结构变化仅属于非线性面板数据模型的一种特殊形式，结构变化还可以表现为门限值的形式，因此，我们可以研究不同门限值是否会影响面板数据的平稳性，进而影响协整检验。

（2）空间面板数据模型的单位根和协整检验。面板数据在空间上的相关性已成为跨越传统数据结构的更新形式，那么空间面板数据的非平稳性检验与协整检验理论是什么尚待进一步研究。同时，空间面板数据模型在模型选择、参数估计、参数检验、约束条件等方面也有很大的研究空间。

（3）多变量面板协整检验方法。面板协整检验的现有文献多以双变量研究为主，本书在交互效应和一致性问题分析时也仅考虑了双变量的情形，但在实证研究中，问题多以多变量的形式出现，因此，在多变量面板协整方法还有很大的研究空间和较好的应用价值。

参考文献

一、中文部分

白仲林，2005. 面板单位根检验理论及其应用研究［D］. 天津：南开大学.

白仲林，2008. 一种结构突变面板数据单位根的联合检验［J］. 数量经济技术经济研究，25（10）：153-161.

白仲林，2008. 面板数据的计量经济分析［M］. 天津：南开大学出版社.

曹裕，称晓红，马跃如，2010. 城市化、城乡收入差距与经济增长——基于我国省级面板数据的实证研究［J］. 统计研究，27（3）：29-36.

陈海燕，杨宝臣，2009. 含有变结构点的面板循序检验方法研究［J］. 统计与信息论坛，24（1）：23-26.

陈海燕，杨宝臣，2011. 基于 LSTR 模型的变结构面板单位根检验［J］. 系统管理学报，20（1）：16-21.

陈海燕，2012. 面板数据模型的检验方法［M］. 北京：经济科学出版社.

陈海燕，2012. 单向面板回归模型中异方差类型的确定性检验框架［J］. 统计与信息论坛，27（3）：32-37.

陈海燕，2019. 共同因子结构下非平稳面板数据检验的一致性研究［J］. 数理统计与管理，38（3）：460-472.

陈海燕，2018. 基于结构变化与共同因子串行效应的面板协整检验［J］. 统计与信息论坛，33（8）：12-19.

陈海燕，2018. 非平稳面板数据共同因子与结构变化的交互效应探讨［J］. 统计与决策，34（10）：10-15.

董翠玲，2013. 测量误差模型方差变点的统计推断［D］. 合肥：中国科学技术大学.

郭婧，何幼桦，2017. 分位数自回归变点模型的贝叶斯分析及应用［J］. 统计与决策（23）：14-18.

韩姣，夏志明，2019. 部分结构突变的线性面板模型的变点估计［J］. 纯粹数学与应用数学，35（2）：151-157.

韩本三，黎伟，徐凤，2014. 基于 Copula 的带截面相关固定效应二元选择面板模型估计［J］. 统计研究，31（4）：102-107.

韩本三，徐凤，黎实，2011. 面板数据模型的截面相关检验研究［J］. 统计研究，28（12）：83-88.

胡毅，王美今，余壮雄，2010. 面板协整检验有限样本性质的模拟比较［J］. 数量经济技术经济研究，27（02）：142-152.

胡毅，林建浩，王明喜，等，2013. 面板数据下的 EG 两步法［J］. 系统工程理论与实践，33（12）：3112-3119.

李拂晓，2015. 几类时间序列模型变点监测与检验［D］. 西安：西北工业大学.

李忠民，刘育红，张强，2011. "新丝绸之路"交通基础设施、空间溢出与经济增长——基于多维要素空间面板数据模型［J］. 财经问题研究（4）：116-121.

李鲲鹏，文益俊，2012. 联动效应面板模型的 EM 算法和 MCMC 算法［J］. 数量经济技术经济研究，29（4）：150-161.

李毅，周金城，2016. 交互效应动态面板模型的非线性工具变量估计［J］. 统计与决策（6）：4-8.

林谦，黄浩，黎实，2010. 考虑截面相关条件下的异质性面板数据协整回归模型的估计［J］. 统计研究，27（9）：103-108.

廖远甦，朱平芳，2011. 均值和方差双重变点的贝叶斯侦测［J］. 统计研究，28（11）：91-97.

刘理，2015. 有约束条件下面板数据模型回归估计分析［J］. 统计与决策（21）：26-28.

陆静，2012. 金融发展与经济增长关系的理论与实证研究［J］. 中国管理科学，20（1）：177-184.

欧变玲，郎冰，张非同，2015. 时变空间权重矩阵面板数据模型稳健 LM 检验有效性研究［J］. 统计研究，32（10）：98-105.

潘爱民，王鹤，陈湘洲，2014. 基于区域相关的中国城市住房市场泡沫测度研究［J］. 财贸研究，25（02）：41-48.

宿成建，陈洁，2003. 应用变点模型来研究沪深股股市波动性突变行为［J］. 重庆大学学报（自然科学版）（10）：152-155.

田铮，杨政，韩四儿，2009. 协整关系中门限效应的Wald检验［J］. 高校应用数学学报，24（1）：23-31.

王珂英，张鸿武，2016. 城镇化与工业化对能源强度影响的实证研究——基于截面相关和异质性回归系数的非平衡面板数据模型［J］. 中国人口资源与环境，26（6）：122-129.

王鹤，潘爱民，陈湘州，2014. 经济环境、调控政策与区域房价——基于面板数据同期强相关视角［J］. 南方经济（6）：56-74.

王秋霞，朱宗元，2013. 截面独立与相关下的面板协整检验的比较［J］. 统计与决策（21）：10-14.

王纬，任燕燕，刘光宗，2020. 基于Pairwise惩罚方法的面板数据模型结构变点估计［J］. 数理统计与管理，39（1）：129-138.

王维国，薛景，于刚，2013. 基于结构突变和截面相关的面板协整检验［J］. 数量经济技术经济研究，30（5）：75-89.

王维国，殷亮，2014. 半参数趋势阈值面板模型及其参数估计［J］. 数量经济技术经济研究，31（9）：124-137+160.

王小刚，王黎明，2013. 基于贝叶斯结构突变的随机系数动态面板模型研究［J］. 数量经济技术经济研究，30（8）：149-160.

王少平，欧阳志刚，2007. 我国城乡收入差距的度量及其对经济增长的效应［J］. 经济研究，42（10）：44-55.

魏武雄，刘超校，易丹辉，2009. 时间序列分析——单变量和多变量方法［M］. 2版. 北京：中国人民大学出版社.

徐凤，黎实，2018. 截面相关面板数据的部分异质结构的识别［J］. 统计研究，35（3）：112-128.

徐秋华，张梓玚，2019. 具有截面相关的变系数面板数据模型的估计及应用［J］. 系统工程理论与实践，39（4）：817-828.

肖尧，杨校美，2016. 劳动力成本与工业结构调整的统计检验［J］. 统计研究，33（11）：49-55.

杨宝臣，李晶晶，2014. 变结构面板协整检验的响应面函数研究［J］. 数理统计与管理，33（2）：266-275.

杨继生，徐娟，2014. 固定交互效应面板截取模型的ECM算法［J］. 数量经济技术经济研究，31（2）：86-98+112.

杨继生，2009. 基于典型相关分析的无约束综列协整检验［J］. 管理科学学报，12（4）：145-152.

杨继生，2007. 综列单位根和综列协整检验及其对我国的应用研究［D］. 武汉：华中科技大学.

姚树洁，冯根福，韦开蕾，2006. 外商直接投资和经济增长的关系研究［J］. 经济研究（12）：35-46.

姚树洁，韦开蕾，2007. 中国经济增长、外商直接投资和出口贸易的互动实证分析［J］. 经济学（季刊），7（1）：151-171.

叶小青，2014. 非线性联动效应面板数据模型的估计［J］. 统计研究，31（2）：96-101.

俞毅，2010. GDP 增长与能源消耗的非线性门限——对中国传统产业省际转移的实证分析［J］. 中国工业经济（12）：57-65.

赵皋，2014. 我国碳生产率增长的长期关系和短期效应——基于面板协整研究［J］. 软科学，28（6）：70-74.

赵梦楠，周德群，2010. 动态广义最小二乘法在面板协整中的应用研究［J］. 统计研究，27（4）：96-102.

张可云，邓仲良，赵文景，2017. 中国对外区域合作体系构建：政策框架与驱动机制［J］. 郑州大学学报（哲学社会科学版），50（4）：65-71，159.

张宇，2008. FDI 技术外溢的地区差异与吸收能力的门限特征——基于中国省际面板数据的门限回归分析［J］. 数量经济技术经济研究（1）：28-39.

朱慧明，黄仁存，游万海，2014. 贝叶斯隐马尔科夫异质面板模型及应用研究［J］. 统计研究，31（7）：97-104.

二、英文部分

ABUAF N, P JORION, 1990. Purchasing power parity in the long run [J]. The Journal of Finance (45): 157-174.

ALEXER A, H LAJOS, 2013. Structural breaks in time series [J]. Journal of time, 34 (1): 1-16.

AMSLER C, J LEE, 1995. An LM test for a unit root in the presence of a structural break [J]. Econometric Theory (11): 359-368.

ANSELIN L, 1988. Spatial econometrics: methods and models [M]. Kluwer Acadamic Publishers, Dordrecht.

ANDREWS, D W K, 1993. Tests for parameter instability and structural change with unknown change point [J]. Econometrica, 61 (4): 821-856.

BAEK J, 2015. A panel cointegration analysis of CO 2, emissions, nuclear energy and income in major nuclear generating countries [J]. Applied Energy, 145: 133

-138.

BAI J, 2009. Panel data models with interactive fixed effects [J]. Econometrica, 77 (4): 1229-1279.

BAI J, 2010. Common breaks in means and variance for panel data [J]. Journal of Econometrics, 157 (1): 78-92.

BAI J, KAO C, 2006. On the estimation and inference of a panelcointegration model with cross-sectional dependence [M]. Contributions to Economic Analysis, edited by Badi Baltage, Elsevier.

BAI J, S NG, 2004. A panic attack on unit roots and cointegration [J]. Econometrica, 72 (4): 1127-1177.

BAI J, S NG, 2002. Determining the number of factors in approximate factor models [J]. Econometrica, 70 (1): 191-221.

BAI J, S NG, 2010. Panel unit root tests with cross-section dependence: a further investigation [J]. Econometric Theory, 26 (4): 1088-1114.

BAI J, JL CARRION-I-SILVESTRE, 2009. Structural changes, common stochastic trends, and unit roots in panle data [J]. The Review of Economic Studies, 76: 471-501.

BAI J, JL CARRION-I-SILVESTRE, 2013. Testing panel cointegration with unobservable dynamic common factors [J]. The Econometrics Journal, 16 (2): 222-249.

BAI J S, C KAO, S NG, 2009. Panel Cointegration with Global Stochastic Trends [J]. Journal of Econometrics, 149 (1): 82-99.

BAI J, P PERRON, 1998. Estimating and Testing Linear Models withMultiple Structural Changes [J]. Econometrica, 66 (1): 47-78.

BAI J, P PERRON, 2003. Computation and analysis of multiple structural change models [J]. Journal of applied econometrics, 18 (1): 1-22.

BALTAGI B H, S H SONG, W KOH, 2003. Testing Panel Data Regression Models with Spatial Error Correlation [J]. Journal of Econometrics, 117 (1): 123-150.

BALTAGI B H, JUNG B C, SONG S H, 2010. Testing for heteroskedasticity and serial correlation in a random effects panel data model [J]. Journal of Econometrics, 154 (2): 122-124.

BALTAGI B H, Q FENG, C KAO, 2016. Estimation of heterogeneous panels with structural breaks [J]. Journal of Econometrics, 191 (1): 176-195.

BALTAGI B H, S H SONG, J H KWON, 2009. Testing for heteroskedasticity and spatial correlation in a random effects panel data model [J]. Computational Statistics & Data Analysis, 53 (8): 2897-2922.

BALTAGI B H, PIROTTE A, 2010. Panel data inference under spatial dependence [J]. Economic Modelling, 27 (123): 1368-1381.

BANERJEE A, JL CARRION-I-SILVESTRE, 2015. Cointegration in panel data with structural breaks and cross-section dependence [J]. Journal of AppliedEconometrics, 30 (1): 1-23.

BANERJEE A, LUMSDAINE R L, STOCK J H, 1992. Recursive and sequential tests of the unit -root and trend-break hypothesis: theory and international evidence [J]. Journal of Business and Economic Statistics (10): 271-287.

BECHERI I G, DROST F C, AKKER R V D, 2015. Unit root tests for cross-sectionally dependent panels: The influence of observed factors [J]. Journal of Statistical Planning and Inferernce (160): 11-22.

BREITUNG J, M H PESARAN, 2007. Unit roots and cointegration in panels [M]. In L. MATYAS, P SEVESTRE (eds.). The Econometrics of panel data: Fundamentals and recent developments in Theory and Practice.

BREITUNG J, 2016. Testing for Serial Correlation in Fixed-Effects Panel Data Models [J]. Econometric Reviews, 35 (7): 1290-1316.

BREITUNG J, 2000. The local power of some unit root tests for panel data [J]. Advances in Econometrics (15): 161-177.

BREITUNG J, S DAS, 2010. Panel unit root tests under cross-sectional dependence [J]. Statistica Neerlandica, 59 (4): 414-433.

BREITUNG J, 2005. A Parametric approach to the estimation of cointegration vectors in panel data [J]. Econometric Reviews, 24 (2): 151-174.

CASTLE J L, DOORNIK J A, HENDRY D F, 2012. Model selection when there are multiple breaks [J]. Journal of Econometrics, 169 (2): 239-246.

CERRATO M, PERETTI C D, SARANTIS N. A nonlinear panel unit root test under cross section dependence [EB/OL]. [2011-05-05]. https://www.gla.ac.uk/media/Media_197946_ smxx. pdf.

CHANG Y, CHI M N, 2012. Residual based tests forcointegration in dependent panels [J]. Journal of Econometrics, 167 (2): 504-520.

CHANG Y, 2004. Bootstrap unit root tests in panels with cross-sectional dependency [J]. Journal of Econometrics, 120 (2): 263-293.

CHANG Y, 2002. Nonlinear IV unit root tests in panels with cross-sectionaldependency [J]. Journal of Econometrics, 110 (2): 261-292

CHOI I, 1994. Durbin-Hausman tests for cointegration [J]. Journal of Economic Dynamics and Control (18): 467-480.

CHOI I, 2001. Unit root tests for panel data [J]. Journal of International Money and Finance (20): 249-272.

CHOW GC, 1960. Tests of equality between sets of coefficients in two linear regressions [J]. Econometrica: Journal of the Econometric Society, 28 (3) : 591-605.

CHUDIK A, M H PESARAN, E TOSETTI, 2011. Weak and strong cross-section dependence and estimation of large panels [J]. Econometrics Journal, 14 (1): 45-90.

COSTANTINI M, L GUTIERREZ, 2007. Simple panel unit root tests to detect changes in persistence [J]. Economics Letter, 96 (3): 363-368.

ENGLE R, GRANGER C W J, 1987. Cointegration and error correction: representation, estimation and testing [J]. Econometrica, 55 (2): 251-276.

EL-SHAZLY A, 2013. Electricity demand analysis and forecasting: A panel cointegration approach [J]. Energy Economics, 40 (2): 251-258.

FISHER R A, 1932. Statistical methods for researchworkers: 4th ed. [M]. Edinburgh: Oliver and Boyd.

GROEN JAN J J, KLEIBERGEN F, 2003. Likelihood-based cointegration analysis in panels of vector error-correction models [J]. Journal of Business & Economic Statistics, American Statistical Association, 21 (2): 295-318.

GUTIERREZ L, 2010. Simple tests forcointegration in panels with structural breaks [J]. Applied Economics Letters, 17 (2): 197-200.

GUTIERREZ L, M COSTANTINI, 2007. Simple panel unit root tests to detect change in persistence [J]. Economics Letters, 96 (3): 363-368.

HANCK C, 2009b. A meta analytic approach to testing for panel cointegration [J]. Communications in Statistics - Simulation and Computation, 38 (5): 1051-1070.

HAO K, 1996. Testing for structrual change in cointegration regression models:

some comparisous and generalizations [J]. Econometric Reviews, 15 (4): 401-429.

HE C, R SANDBERG. Inference for unit roots in a panel smooth transition autoregressive model where the time dimension is fixed [EB/OL]. [2005-01]. http: //swopec. hhs. se/hastef/papers/hastef0581. pdf.

HANSEN B E, 2000a. Sample splitting and thresholdestimation [J]. Econometrica, 68 (3): 575-603.

HANSEN B E, 2000b. Testing for structural change in conditionalmodel [J]. Journal of Econometrics, 97 (1): 93-115.

HANSEN B E, SEO B, 2002. Testing for two-regime threshold cointegration in vector error-correction models [J]. Journal of Econometrics, 110 (2): 293-318.

HARDING M, LAMARCHE C, 2014. A Hausman-Taylor instrumental variable approach to the penalized estimation of quantile panel models [J]. Economics letters, 124 (2): 176-179.

HIDALGO J, SCHAFGANS M, 2017. Inference and testing breaks in large dynamic panels with strong cross sectional dependence [J]. Journal of Econometrics, 196 (2): 259-274.

HOLLY A, L GARDIOL, 2000. A score test for individual heteroskedasticity in a one-way error components model [M], Panel Data Econometrics: Future Directions (Elsevier Science) (10): 199-211.

HSIAO C, 2003. Analysis of paneldata: 2nd ed [M]. Bei Jing: PeKing University Press.

IM K S, LEE J, TIESLAU M, 2005. Panel LM unit root test with level shits [J]. Oxford Bulletin of Economics and Statistics, 67 (3): 393-419.

IM K S, M H PESASRAN, Y SHIN, 2003. Testing for unit roots in heterogeneous panels [J]. Journal of Econometrics (115): 53-74.

INCLAN C, TIAO G, 1994. Use of cumulative sums of squares for retrospective detection of changes of variance [J]. Journal of the American Statistical Association, 89 (427) : 913-923.

IORIO F D, 2007. Testing for breaks in cointegrated panels - with an application to the feldstein-horioka puzzle [J]. Ssrn Electronic Journal, 1 (14): 1-23.

JANG M J, D W SHIN, 2005. Comparison of panel unit root tests under cross sectional dependence [J]. Economics Letters, 89 (1): 12-17.

JOHANSEN S, 1988. Statistical analysis ofcointegration vectors [J]. Journal of Economic Dynamics & Control, 12 (2-3): 231-254.

JOHANSEN S J, KJUSELIUS, 1990. Maximum likelihood estimation and inference on cointegration - with applications to the demand for money [J]. Oxford Bulletin of Economics and Statistics (52): 169-210.

JOSEPH L, WOLFSON D B, 1993. Maximum likelihood estimation in the multi-path change-point problem [J]. Annals of the Institute of Statistical Mathematics, 45 (3): 511-530.

KAO C, 1999. Spurious regression and residual-based tests forcointegration in panel data [J]. Journal of Econometrics, 90 (1): 1-44.

KAPETANIOS G, Y SHIN, A SNELL, 2003. Testing for a unit root in the nonlinear STAR framework [J]. Journal of Econometrics, 112 (2): 359-379.

KAPETANIOS G, 2005. Unit root testing against the alternative hypothesis of up to m structural breaks [J]. Journal of Time Series Analysis (26): 123-133.

KAPETANIOS G, M H PESARAN, T YAGAMATA, 2011. Panels with non-stationary multifactor error structures [J]. Journal of Econometrics, 160 (2): 326-348.

KARAVIAS Y, TZAVALIS E, 2014. Testing for unit roots in short panels allowing for a structural break [J]. Computational Statistics & Data Analysis (76): 391-407.

KARAMAN, RSAL D D, DROGE B, 2014. Panel cointegration testing in the presence of a time trend [J]. Computational Statistics & Data Analysis (76): 377-390.

KIM D, 2011. Estimating a common deterministic time trend break in large panels with cross sectionaldependence [J]. Journal of Econometrics, 164 (2): 310-330.

LARSSON R, J LYHAGEN, M LOTHGREN, 2001. Likelihood-based cointegration tests in heterogeneous panels [J]. Econometrics Journal, Royal Economic Society, 4 (1): 109-142.

LEE S, SEO M H, SHIN Y, 2011. Testing for threshold effects in regression models [J]. Journal of the American Statistical Association, 106 (493): 220-231.

LEVIN A, C LIN, J CHU, 2002. Unit root tests in panel data: Asymptotic and finite-sampleproperties [J]. Journal of Economics, 108 (1): 1-24.

LI G, 2015. Consistency in estimation and model Selection of dynamic panel data models with fixedeffects [J]. Econometrics, 3 (3): 494-524.

MADDALA G S, S WU, 1999. A comparative study of unit root tests with panel data and a new simple test [J]. Oxford Bulletin of Economics and Statistics (61): 631- 652.

MCCOSKEY S, KAO C, 1998. A residual-based test of the null of cointegration in panel data [J]. Econometric Reviews (17): 57-84.

MCCOSKEY S, KAO C, 1999. Testing the stability of a production function with urbanization as a shift factor [J]. Oxford Bulletin of Economics and Statistics, Special Issue (61): 671-690.

MILLO G, 2017. A simple randomization test for spatial correlation in the presence of common factors and serial correlation [J]. Regional Science & Urban Economics, 66 (1): 28-38.

MOON H, PERRON B, 2004. Testing for a unit root in panels with dynamic factors [J]. Journal of Econometrics, 122 (1): 81-126.

OMAY T, YUKSEL A, 2015. An empirical examination of the generalized Fisher effect using cross-sectional correlation robust tests for panel cointegration [J]. Journal of International Financial Markets Institutions & Money (35): 18-29.

PAGE E S, 1954. Continuous Inspection Schemes [J]. Biometrika, 41 (1/2): 100-115.

PEDRONI P, 1999. Critical value for cointegration tests in heterogeneous panels with multiple regressors [J]. Oxford Bulletin of Economics and Statistics (61): 653-678.

PEDRONI P, 2004. Panel cointegration: asymptotic and finite sample properties of pooled time series tests with an application to the ppp hypothesis [J]. Econometric Theory, 20 (3): 597-625.

PEDRONI P, 1999. Critical value for cointegration tests in heterogeneous panels with multiple regressors [J]. Oxford Bulletin of Economics and Statistics (61): 653-678.

PERRON P, 1989. The great crash, the oil price shock and the unit root hypothesis [J]. Econometrica (57): 1519-1554.

PERRON P, 1997. Fur ther ev idence on breaking tr end functions in macroeconomic v ar iables [J] . Journal of Econometrics, 80 (2) : 355- 385.

PESARAN M H, 2007. A simple panel unit root test in the presence of cross sectional dependence [J]. Journal of Applied Econometrics (22): 265-312.

PESARAN M H, SMITH L V, YAMAGATA T, 2013. Panel unit root tests in the presence of a multifactor error structure [J]. Journal of Econometrics, 175 (2): 94-115.

PESARAN M H, 2004. General diagnostic tests for cross section dependence in panels [R]. CESifo Working Paper Series: 1229.

PESARAN M H, 2006. Estimation and inference in large heterogeneous panels with a multifactor error structure [J]. Econometrica, 74 (4) : 967-1012.

PESARAN, M H, 2007. A simple panel unit root test in the presence of cross-section dependence [J]. Journal of Applied Econometrics, 22 (2): 265-312.

PESARAN M H, ULLAH A, YAMAGATA T, 2008. A bias-adjusted LM test of error cross section independence [J]. Econometrics Journal (11) : 105-127.

PESARAN M H, E TOSETTI, 2011. Large panels with common factors and spatial correlation [J]. Journal of Econometrics, 161 (2): 182-202.

PHILLIPS P C B, DSUL, 2003. Dynamic panel estimation and homogeneity testing under cross section dependence [J]. Econometrics Journal, 6 (1): 217-259.

QU Z, PERRON P, 2007. Estimating and testing structural changes in multivariate regressions [J]. Econometrica, 75 (2): 459-502.

QUAH D, 1994. Exploiting cross section variation for unit root inference in dynamic data [J]. Economics Letters (44): 9-19.

ROBERTSON R, KUMAR A, DUTKOWSKY D H, 2014. Weak-form and strong-form purchasing power parity between the US and Mexico: A panel cointegration investigation [J]. Journal of Macroeconomics (42): 241-262.

SCHMIDT P, P C B PHILLIPS, 1992. LM tests for a unit root in the presence of deterministic trends [J]. Oxford Bulletin of Economics and Statistics, 54 (3): 257-287.

SEO M H, SHIN Y, 2016. Dynamic panels with threshold effect and endogeneity [J]. Journal of Econometrics, 195 (2): 169-186.

SHI W, LEE L F, 2018. A spatial panel data model with time varying endogenous weights matrices and common factors [J]. Regional Science and Urban Economics, 72 (1): 6-34.

SHI W, LEE L F, 2017. Spatial dynamic panel data models with interactive fixedeffects [J]. Journal of Econometrics, 197 (2): 323-347.

SMITH L V, SLEYBOURNE, T H KIM, et al., 2004. More powerful panel data unit tests with an application to mean reversion in real exchange rates [J]. Journal Applied Econonmetrics (19): 147-170.

SOLBERGER M, 2011. Demeaning the data in panel-cointegration models to control for cross-sectional dependencies [J]. Economics Letters, 110 (3): 252-254.

SU L J, WANG X, 2017. On time-varying factor models: Estimation and testing [J]. Journal of Econometrics, 198 (1): 84-101.

SU L, JIN S, ZHANG Y, 2014. Specification test for panel data models with interactive fixed effects [J]. Journal of Econometrics, 186 (1): 222-244.

SUL D, 2009. Panel unit root tests under cross section dependence with recursive mean adjustment [J]. Economics Letters, 105 (1): 123-126.

TAYLOR M P, LSARNO, 1998. The behavior of real exchange rates during the post-Bretton Woods period [J]. Journal of International Economics, 46 (2): 281-312.

UCAR N, T OMAY, 2009. Testing for unit root in nonlinear hetergeneous panels [J]. Economics Letters (104): 5-8.

VASILIS SARAFIDIS, TOM WANSBEEK, 2012. Cross-sectional dependence in panel data analysis [J]. Econometric Reviews, 31 (5): 483-531.

WACHTER S D, TZAVALIS E, 2012. Detection of structural breaks in linear dynamic panel data models [J]. Computational Statistics & Data Analysis, 56 (11): 0-0.

WESTERLUND J, 2005. A panel CUSUM test of the null of cointegration [J]. Oxford Bulletin of Economics and Statistics (67): 231-256.

WESTERLUND J, 2006a. Reducing the size distortion of the danel LM test for cointegration [J]. Economics Letters (90): 384-389.

WESTERLUND J, 2008. Panel cointegration tests of the fisher effect [J]. Journal of Applied Econometrics (23): 193-233.

WESTERLUND J, 2007. Testing for error correction in panel data [J]. Oxford Bulletin of Economics and Statistics, 69 (6): 709-748.

WESTERLUND J, 2006a. Testing for panel cointegration with a level break [J]. Economics Letters (91): 27-33.

WESTERLUND J, 2006c. Testing for panel cointegration with multiple structural break [J]. Oxford Bulletin of Economics and Statistics (68): 101-132.

WESTERLUND J, EDGERTON D L, 2008. A simple test for cointegration in dependent panels with structural breaks [J]. Oxford Bulletin of Economics and Statistics, 5 (70): 665-704.

WESTERLUND J, D EDGERTON, 2007. A panel bootstrap cointegration test [J]. Economics Letters (97): 185-190.

WESTERLUND J. Simple unit root tests with multiple breaks [EB/OL]. (2006-12-14) [2020-01-05]. http: //www. nek. lu. se/ NEKjwe/ papers/ imetal. pdf.

Westerlund J, 2005b. A new simple tests for panel cointegration [J]. Econometrics Reviews (24): 297-316.

YAMAGATA T, 2008. A joint serial correlation test for linear panel data models [J]. Journal of Econometrics, 146 (1): 135-145. .

YAMAMOTO Y, TANAKA S, 2015. Testing for factor loading structural change under commonbreaks [J]. Journal of Econometrics, 189 (1): 187-206.

ZOUNDI Z, 2016. CO2 emissions, renewable energy and the environmental kuznets curve, a panel cointegration approach [J]. Renewable & Sustainable Energy Reviews, 72 (5): 1067-1075.

附　录

本附录给出书中涉及的部分 R 软件命令。

R-program for interact effect between common factor and structural breaks

```
library（Formula）
library（plm）
library（MASS）
data. frame（" panelhy" ）
gdp<-matrix（panelhy $ gdp，nrow=20，ncol=30）
fdi<-matrix（panelhy $ fdi，nrow=20，ncol=30）
nrow（panelhy $ gdp）

# set function  #
plag <- function（x，lagn）{
  y1<- matrix（c（0），nrow=nrow（x），ncol=ncol（x））
  y1 [1,] <-0
  for (j in 2：nrow（x））{
    y1 [j,] <-x [j-lagn,]
  }
  out <- matrix（y1，nrow=nrow（x），ncol=ncol（x））
  out
}
pdif<-function（x，difn）{
  y1<- matrix（c（0），nrow=（nrow（x）-1），ncol=ncol（x））
  for (j in 1：（nrow（x）-1））{
    y1 [j,] <-x [j+difn,] -x [j,]
  }
  out <- matrix（y1，nrow=（nrow（x）-1），ncol=ncol（x））
```

```
  out
}
pro_ mat<-function (x) {
  xx<-x%*% (ginv (t (x)%*%x) )%*%t (x)
  num<-nrow (xx)
  pm<-diag (num) -xx
  out<-matrix (pm, nrow=num, ncol=num)
  out
}
copy<-function (x, z) {
  xx<-matrix (c (0), nrow=nrow (z), ncol=ncol (z) )
  for (i in 1: nrow (z) ) {
    xx [i,] <-x
  }
  xx
}
transfer<-function (x) {
  t<-nrow (x)
  n<-ncol (x)
  y1<-matrix (c (0), nrow=t*n, ncol=1)
  for (i in 1: n) {
    y1 [ (1+ (i-1) *t): (t*i) ] <-x [, i]
  }
  out<-matrix (y1, nrow=t*n, ncol=1)
  out
}
  # Panel regression #
hypool<-plm (log (gdp) ~log (fdi), data=panelhy, index=c (" region"," year" ), model=" pooling" ) hyindivi<-plm (log (gdp) ~log (fdi), data=panelhy, index=c (" region"," year" ) )
summary (hypool)
summary (hyindivi)
res<-matrix (hypool $ residuals, nrow=20, ncol=30)
```

```
# cd-test  #
cdcoef<-function (x) {
  n<-ncol (x)
  t<-nrow (x)
  cd<-0
  for (i in 1: (n-1) ) {
    for (j in (i+1): n) {
      cd<-cd+cor (x [, i], x [, j] )
    }
  }
  cdcoef<-sqrt (2 * t/ (n * (n-1) ) ) * cd
  cdcoef
}
cdcoef (res)
pcd<-1-pnorm (cdcoef (res) )
#  common factor  #
dfdi<-pdif (fdi, 1)
dgdp<-pdif (gdp, 1)
pdx<-pro_ mat (dfdi)
mfdi<-round (pdx% * %dfdi)
mgdp<-pdx% * %dgdp
dim (mgdp)

#  testing panel cointegration with observable dynamic common factors  #
r<-eigen (mgdp% * %t (mgdp) )
rlam<-r $ values
vector<-r $ vectors
f_ es<-sqrt (nrow (mgdp) -1) * vector [, 1]
lam_ est<- (t (mgdp)% * %f_ es) / (nrow (mgdp) -1)
z_ est<-mgdp-f_ es% * %t (lam_ est)
y<-gdp
#  structural break in mean , Bai (2010)  #
```

```
num<-c (0.2, 0.25, 0.3, 0.35, 0.4, 0.45, 0.5, 0.55, 0.6, 0.65, 0.7,
0.75, 0.8)
ssrmean<-0
k0<-0
for (i in 1: (length (num) ) ) {
  lam_ break<-num [i]
  k0 [i] <-floor (lam_ break * nrow (y) )
  y1<-y [1: (k0 [i] ),]
  y2<-y [ ( (k0 [i] ) +1): nrow (y),]
  y1_ bar<-matrix (colMeans (y1), nrow=1)
  y2_ bar<-matrix (colMeans (y2), nrow=1)
  ssr1<-matrix (colSums ( (y1-copy (y1_ bar, y1) ) ^2), nrow=1)
  ssr2<-matrix (colSums ( (y2-copy (y2_ bar, y2) ) ^2), nrow=1)
  ssrmean [i] <- (rowSums (ssr1) +rowSums (ssr2) ) /10000000
  ssrm<-cbind (k0, ssrmean)
}
ssrm
# structural break invariance , Bai (2010)    #
num<-c (0.2, 0.25, 0.3, 0.35, 0.4, 0.45, 0.5, 0.55, 0.6, 0.65, 0.7,
0.75, 0.8)
ssrvar<-0
k1<-0
for (i in 1: (length (num) ) ) {
  lam_ break<-num [i]
  k1 [i] <-floor (lam_ break * nrow (y) )
  y1<-y [1: (k1 [i] ),]
  y2<-y [ ( (k1 [i] ) +1): nrow (y),]
  y1_ bar<-matrix (colMeans (y1), nrow=1)
  y2_ bar<-matrix (colMeans (y2), nrow=1)
  ssr1<-matrix (colSums ( (y1-copy (y1_ bar, y1) ) ^2/ (k1 [i] ) ),
nrow=1)
  ssr2<-matrix (colSums ( (y2-copy (y2_ bar, y2) ) ^2/ (nrow (y) -k1
[i] ) ), nrow=1)
```

```
  ssrvar [i] <- (k1 [i] * rowSums (log (ssr1) ) ) + (nrow (y) -k1
[i] ) * rowSums (log (ssr2) )
  ssrv<-cbind (k1, ssrvar)
}
ssrv
windows ()
split. screen (c (1, 2) )
screen (1)
plot (k0, ssrmean, type =" o", col =" red", xlab =" T", ylab =" SSR",
main=" 面板数据均值结构变化图" )
legend (" topleft", inset=0. 01, title=" breaks in means", c (" GDP" ) )
screen (2)
plot (k1, ssrvar, type =" o", col =" black", xlab =" T", ylab =" SSR",
main=" 面板数据方差结构变化图" )
legend ( " topleft ", inset = 0. 01, title = " breaks in variances ", c ( "
GDP" ) )
R-programm for serial interaction cointegration test
beta1<-0
uit1<-matrix (0, ncol=ncol (gdp), nrow=nrow (gdp) )
for (i in 1: individual) {
  ols<-lm (gdp [, i] ~fdi [, i] )
  beta1 [i] <-ols $ coefficients [2]
  uit1 [, i] <-ols $ residuals
}
plot (beta1, col=" red", lwd=6)
1-pnorm (cdcoef (uit1) )
r1<-eigen (uit1% * %t (uit1) )
rlam1<-r1 $ values
vector1<-r1 $ vectors
f_ es1<-sqrt (nrow (uit1) -1) * vector1 [, 1]
lam_ est1<- (t (uit1)% * %f_ es1) / (nrow (uit1) -1)
cf1<-f_ es1% * %t (lam_ est1)
dm<-matrix (0, nrow=time, ncol=individual)
```

```
for (i in 1: time) {
  if (i>13)
    dm [i,] =1
  else
    dm [i,] =0
}
dv<-matrix (0, nrow=time, ncol=individual)
for (i in 1: time) {
  if (i>13)
    dv [i,] =time-i
  else
    dv [i,] =0
}
beta2<-0
beta3<-0
uit2<-matrix (0, ncol=ncol (uit1), nrow=nrow (uit1) )
bdm<-matrix (0, ncol=ncol (uit1), nrow=nrow (uit1) )
bdv<-matrix (0, ncol=ncol (uit1), nrow=nrow (uit1) )
for (i in 1: ncol (uit1) ) {
  ols1<-lm (cf1 [, i] ~dm [, i] )
  ols2<-lm (cf1 [, i] ~dv [, i] )
  beta2 [i] <-ols1 $ coefficients [2]
  beta3 [i] <-ols2 $ coefficients [2]
  bdm [, i] <-beta2 [i] * dm [, i]
  bdv [, i] <-beta3 [i] * dv [, i]
  uit1 [, i] <-ols $ residuals
}
pb<-function (x) {
  dx<-diff (x)
  px<-pro_ mat (dx)
  out<-px
  out
}
```

```
pbdm<-pb (bdm) #均值突变的投影矩阵
pbdv<-pb (bdv) #方差突变的投影矩阵
pbx<-pb (fdi)
pm<-pbx% * %pbdm
pv<-pbx% * %pbdv
py<-pm% * %diff (gdp)    # or
py<-pv% * %diff (gdp)
f<-copy (f_ es1, py)
beta<-0
uit<-matrix (0, ncol=ncol (f), nrow=nrow (f) )
for (i in 1: ncol (f) ) {
  ols<-lm (py [, i] ~f [, i] )
  beta [i] <-ols $ coefficients [2]
  uit [, i] <-ols $ residuals
}
kesai<-matrix (0, ncol=ncol (uit), nrow=nrow (uit) )
kesai [1,] <-uit [1,]
kesai [2,] <-uit [2,]
for (i in 3: nrow (uit) ) {
  kesai [i,] <-colSums (uit [2: i,] )
}
u<-transfer (kesai)
pindex<-read. csv (" index. csv" )
pindex<-pdata. frame (pindex, index=c (" region"," year" ) )
index (pindex, " region" )
index (pindex, " year" )
index (pindex $ year, c (2, 1) )
cp<-cbind (index (pindex $ year, c (2, 1) ), u)
u1<-data. frame (split (cp $ u, cp $ region) )
purtest (u1, pmax = 2, exo = " trend", test = " ips" )
purtest (u1, pmax = 2, exo = " intercept", test = " ips" )
windows ()
plot (beta, col=" red", lwd=6)
```

后　记

2012 年，笔者有幸获得国家社会科学基金西部项目“共同因子结构下非线性面板数据协整检验方法及应用研究（NO. 12XTJ001）”资助，可以继续探索面板计量分析中共同因子与结构变化间的影响关系。有限的编程能力和数理推导能力大大地影响了研究进展，工作与家庭的平衡也常使人深感力不从心，让我时常怀念读书期间的自由与专注。在反复思索和验证下，笔者得到本书的主要研究结论，困扰内心许久的结终于得以解开。课题申请结题至今已三年有余，每每想起期间的种种经历，总提醒自己“做科研，不可拖”。今年，我终于下定决心把结题报告进一步补充完善并进行出版，一是对自己的研究工作进行总结、反思，二是希望思考的问题能得到更多的反馈、交流。

借本书出版之际，感谢重庆工商大学科研处的各位老师，他们兢兢业业的工作态度推动着各级项目的申报与结题，为阶段性推进科研工作做出了巨大努力；感谢教育部人文社会科学重点研究基地重庆工商大学长江上游经济研究中心给予就科研的指导和经费支持；感谢经济学院的各位领导和同事，他们的建议、帮助和支持促使我在教学和科研上不断进步；感谢两个可爱的儿子，给予我精神上最大的支持。

本书内容尚显浅薄，还望在以后的学习和研究中能进一步加深。

由于本人学术水平有限，书中错漏和疏忽在所难免，恳请读者批评指正。

陈海燕

2020 年 5 月于重庆工商大学